COLECCIÓN **LEER EN ESPAÑOL**

La tierra del tiempo perdido

José María Merino

español

Santillana
Universidad
de Salamanca

La colección LEER EN ESPAÑOL ha sido concebida, creada y diseñada por el Departamento de Idiomas de Santillana Educación, S. L.

La adaptación de la obra *La tierra del tiempo perdido,* de José María Merino, para el Nivel 4 de esta colección, es de María Luisa Rodríguez Sordo.

Edición 1993
Coordinación editorial: Silvia Courtier
Dirección editorial: Pilar Peña

Edición 2008
Dirección y coordinación del proyecto: Aurora Martín de Santa Olalla
Edición: Begoña Pego

Edición 2009
Dirección y coordinación del proyecto: Aurora Martín de Santa Olalla
Actividades: Lidia Lozano
Edición: M.ª Antonia Oliva

Dirección de arte: José Crespo
Proyecto gráfico: Carrió/Sánchez/Lacasta
Ilustración: Jorge Fabián González
Jefa de proyecto: Rosa Marín
Coordinación de ilustración: Carlos Aguilera
Jefe de desarrollo de proyecto: Javier Tejeda
Desarrollo gráfico: Rosa Barriga, José Luis García, Raúl de Andrés
Dirección técnica: Ángel García
Coordinación técnica: Lourdes Román, Marisa Valbuena
Confección y montaje: María Delgado, Antonio Díaz
Cartografía: José Luis Gil, Belén Hernández, José Manuel Solano
Corrección: Gerardo Z. García, Nuria del Peso, Cristina Durán
Documentación y selección de fotografías: Mercedes Barcenilla
Fotografías: Algar; S. Enríquez; CORDON PRESS/CORBIS/Macduff Everton; EFE/SIPA-PRESS/Robert Margaillan; CASA MUSEO DE DIEGO RIVERA, GUANAJUATO, MÉXICO; ARCHIVO SANTILLANA
Grabaciones: Textodirecto

© de la obra original, 1987 by José María Merino
© 1993 by Universidad de Salamanca y Grupo Santillana de Ediciones, S. A.
© 2008 Santillana Educación
© 2009 Santillana Educación
Torrelaguna, 60. 28043 Madrid
En coedición con Ediciones de la Universidad de Salamanca

PRINTED IN SPAIN
Impreso en España por Unigraf S.L.

ISBN: 978-84-9713-113-1
CP: 125196
Depósito legal: M-1448-2010

José María Merino, nacido en La Coruña en 1941, empezó escribiendo poesía. Sin embargo, hoy es ante todo un novelista de gran personalidad: en 1976 recibió el premio Novelas y Cuentos por su Novela de Andrés Choz *y en 1985 ganó el Premio de la Crítica con* La orilla oscura.

La tierra del tiempo perdido *(1987) es el segundo libro de una trilogía que empezó con* El oro de los sueños *(1986) y en la que Merino describe los tiempos de la conquista española en América. Si en* El oro de los sueños *descubríamos por igual a indios y españoles, en* La tierra del tiempo perdido *el autor nos lleva a conocer mejor la realidad india.* La tierra del tiempo perdido *es, efectivamente, la tierra de los últimos mayas. La memoria de un tiempo pasado que desaparece poco a poco: los españoles queman los viejos libros indios, construyen nuevas ciudades y hablan otra lengua. Su Dios es distinto, y también sus costumbres. Miguel, mitad indio, mitad español, se preguntará a menudo por qué es necesario que muera un pueblo para que viva otro. Y la única respuesta que recibirá es que «así se ha hecho siempre».*

El tercer libro de esta trilogía de Merino es Las lágrimas del sol *(1989).*

PRIMEROS VIAJES A AMÉRICA

MÉXICO (NUEVA ESPAÑA)

México-Tenochtitlán

Veracruz

CUBA

OCÉANO ATLÁNTICO

Panamá
Nombre de Dios
PANAMÁ

COLOMBIA

ECUADOR

OCÉANO PACÍFICO

PERÚ

BRASIL

Lima

El Callao

BOLIVIA

CHILE

Santiago

→ Cristóbal Colón (1492)

- - → Hernán Cortés (1519)

········→ Fernando de Magallanes (1519)

—·—→ Francisco Pizarro (1524)

—··—→ Hernando de Soto (1539)

Territorios ocupados por los españoles

Territorios ocupados por los portugueses

I

ESTABA yo mirando curioso el montón de armas y objetos de toda clase que estos indios consiguen robar a los soldados españoles, cuando encontré la caja de madera. Había en su interior papel y todo lo necesario para escribir.

No lo supe al principio porque casi no había luz. Pero en cuanto lo pude comprobar, me vino a la mente una imagen de la casa familiar.

Recordé la hermosa mesa de trabajo de mi padre. Y recordé también los días en que yo escribía la historia de mi primer viaje. Un terremoto[1] ha hecho desaparecer aquellas páginas, ocultadas con tanto cuidado en el antiguo pozo[2]; nadie podrá leerlas nunca más. Sin embargo, aunque aquel texto se ha quedado para siempre sin lector, todavía guardo en mi memoria el sabor agradable y dulce de los momentos en que lo escribí.

Me vino pues, ahora que mi única ocupación es esperar a que el padrino[3] se cure de sus heridas, la idea de escribir la crónica[4] de todas las aventuras que ahora mismo estoy viviendo.

Dos días he tardado en decidirme. Por un lado, me apetecía abrir la caja, preparar el papel y comenzar inmediatamente a contar estas nuevas aventuras. Pero aquellas intenciones y el feliz recuerdo de mis trabajos de escritor pronto perdían fuerza bajo el peso del calor;

ese sol que caía sobre el mundo como una enorme ola de miel[5] y me obligaba a tumbarme a la sombra del árbol más grande.

Pero al fin me he decidido y compruebo otra vez que escribir es cosa muy agradable, cuando por medio de los recuerdos hechos palabras, se reconstruyen los momentos vividos. He empezado esta mañana, acompañado de algunos niños que me observan en silencio.

Todo empezó aquella mañana fría y gris en que, a la salida de misa, llegó Luengo el Maragato al pueblo. Dicen que ese hombre había pasado algún tiempo en la cárcel antes de llegar a la Nueva España. Desde que era muy niño tengo la misma memoria de él: un hombre muy viejo y delgado, acompañado de una india también viejísima. Visita el pueblo dos o tres veces al año. Llega normalmente, como hizo aquel día, en la mañana de alguna fiesta. Cuando las gentes salen de la iglesia, se lo encuentran en la plaza, con todas las cosas que ha traído para vender: telas de muchos colores, elegantes pañuelos, libros de religión y herramientas para los trabajos más diferentes.

Luengo el Maragato trae algunas de estas cosas desde la costa y también desde México-Tenochtitlán, y otras, las compra en Veracruz donde llegan desde España. Así que, además, lleva consigo noticias de lo que ocurre en España, o en Roma, o en todas estas tierras de Indias donde pisaron los españoles.

Pero aquel día no enseñó ninguna rica tela, ningún pañuelo de color, ningún objeto brillante. Y la vieja india, envuelta en una manta, se quedó quieta, sin hablar con nadie.

Luengo el Maragato pasó de prisa cerca de mí, preguntando a las gentes algo que no pude oír. Llevaba en la mano un paquete. Seguí con la mirada su camino y vi que se acercaba a mi padrino y le hablaba. Mi padrino se paró y, luego, los dos se fueron hacia un lugar de la plaza un poco apartado. Las gentes estaban saliendo de la iglesia y dejaban la plaza y por fin quedaron solos ellos dos. Seguían hablando de lo que parecía ser un asunto secreto.

Dentro del paquete que había entregado Luengo el Maragato había, con otras cosas que no conseguí ver, un papel.

Mi padrino empezó a leerlo con interés. Me acerqué a ellos. Cuando mi padrino terminó de leer, levantó la vista y sus ojos me encontraron.

–Miguel –se sorprendió.

–¿Hay noticias? –pregunté.

–Alguna puede haber. Vente a comer hoy conmigo –me contestó con una sonrisa que escondía un secreto.

Salí corriendo para avisar a mi madre. También ella lo había visto todo pues[6] estaba esperándome con mis hermanas y con Lucía para volver a casa.

–¿Es por esa carta? –preguntó.

–¿Qué carta? –contesté.

–Vi que el viejo le entregaba una carta a tu padrino.

Me quedé callado. Ella suspiró y observé que se marchaba preocupada.

–¡Dios nos ayude! –la oí decir.

Ahora sé que, en verdad, la carta era augurio[7] de aventuras. Pero entonces sólo lo adivinaba. Mi padrino no me habló de la carta hasta después de comer. Yo esperaba sus noticias con enorme curiosidad. El imaginar que algo pasaba, que podía romper las costumbres de mi vida en el pueblo, las clases de latín y otras enseñanzas igualmente monótonas, me había puesto nervioso. Además, la primera salida mía, aunque había tenido sus momentos difíciles y había terminado muy mal para muchos, a mí me había hecho ganar algunas riquezas y buenos amigos. Sobre todo me había despertado la sed de aventuras y el hambre de correr por los mundos.

–Bien –dijo al fin mi padrino levantándose–. ¿Te apetece dejar el latín por algún tiempo y acompañarme otra vez?

Respondí al fin. La voz me temblaba.

–Bien sabéis[8] que sí, señor padrino.

–¿Recuerdas a aquel importante señor que servía al Rey de España y que conocimos en Veracruz?

Era tío de alguien muy querido para mí, que me acompañó en aquellas aventuras, pero que había vuelto a España, sin dar respuesta a dos cartas mías. Mi interés se hizo aún mayor. Mi padrino habló con voz profunda:

–Me escribe desde España, donde buscan la manera de resolver los problemas del Perú: las luchas entre españoles, los indios defendiéndose de ellos en las montañas, las locas decisiones de unos u otros por encima de las órdenes del Rey. Piden mi ayuda y esperan que aconseje al nuevo presidente de la Real Audiencia[9] de Panamá. Conocen mi pasado, saben que no encontrarán otro más valiente que yo para defender los intereses de España. Es un alto cargo[10] que me da la posibilidad de elegir a mis asistentes[11].

Me quedé sin palabras para expresar mi sorpresa. Mi padrino se rió y me agarró cariñosamente de una oreja.

–Así que, desde ahora, eres mi secretario. Saldremos pronto. Anúnciaselo a tu madre y empieza a prepararte.

Cuando volví a casa, empezaba a llover. Mi madre, mis hermanas, Lucía y la vieja Micaela, que me tuvo en brazos desde que nací, estaban trabajando. Mi madre me miró en silencio. No necesitó hablar para que yo me sintiese obligado a una respuesta.

–Envían a don Santiago a Panamá –dije.

Ella seguía sin hablar, mirándome a los ojos.

–Yo debo acompañarlo –dije luego–. Quiere que sea secretario suyo.

Ahora me miraban todas. La vieja Micaela dejó lo que estaba haciendo y se volvió hacia mi madre.

–Mi señora –dijo en la vieja lengua–, no te sientas triste. Está escrito en el cielo que el muchacho se vaya a correr por otros mundos, como hizo su padre.

Mi madre llegó hasta mí y me rodeó con sus brazos. Me habló también en la vieja lengua:

—¿Cuándo te irás?

—No lo sé aún. Pero el padrino me dijo que debía empezar a preparar mis cosas.

Mis noticias habían roto la reunión y me quedé solo frente a la tarde y a la lluvia que caía pesadamente. Parados en un árbol que había cerca, vi unos grandes pájaros grises, como figuras de mal augurio. Sin embargo, yo me sentía feliz, imaginando ya otros árboles, y otros pájaros parados en ellos, y también otras lluvias diferentes a aquella que lo ocultaba todo detrás de una ancha pared de plata.

De mi madre india me viene una gran facilidad para soñar y para la calma; pero sin duda la sangre española de mi padre es la que me empuja a alejarme y descubrir y conocer tierras diferentes de las mías.

Se hizo oscuro y entré. Ahora las mujeres se habían agrupado en un rincón y rezaban[12] en voz baja. En las miradas de mis hermanas y de Lucía se leía la emoción y supe que rezaban por mí. De repente, como un relámpago, un sentimiento de culpa cruzó mi felicidad. También un relámpago brillante cercano, seguido de un trueno muy fuerte, cruzó el cielo del pueblo, anunciando una tormenta.

II

LOS días siguientes pasaron lentos. Después de las clases, iba yo siempre a preguntar a mi padrino cómo iba nuestro asunto. Supe así que nuestro primer problema era llegar a Panamá. El viaje por tierra parecía peligroso, ya que en algunos lugares había aún guerra[13] con los indios. Era, pues, necesario elegir el viaje por mar y encontrar un barco que llevara nuestro camino.

Cuando entré aquella tarde, mi padrino me recibió con los brazos abiertos.

–Está decidido, Miguel. Tomaremos en Veracruz un barco que está a punto de salir para Nombre de Dios. Luego iremos a Panamá por tierra y allí tomaremos otro barco que nos llevará al Puerto del Callao. Tienes dos días para prepararte –me dijo con cariño.

La noticia tanto tiempo esperada llegaba al fin y salí corriendo hacia mi casa. Sentía cómo mi corazón corría tan rápido como mis piernas y que una fuerza maravillosa me empujaba hacia Veracruz, el puerto, el mar y, por fin, las tierras del Perú.

Yo tenía casi todo listo. Con el dinero que había traído de mi primer viaje, había comprado la ropa y las armas necesarias para vestir a la manera española. En aquellos días, mi madre y Micaela me habían hecho unas camisas de algodón muy parecidas a las que usaban los indios en la guerra.

Mientras hacíamos el equipaje mi madre y yo, me dijo que Lucía quería acompañarme. La noticia me sorprendió, pues pensaba que Lucía era feliz en mi casa. Pero al ver que mi madre tenía también mucho interés en ello, se lo propuse al padrino.

—Está bien —dijo con voz lenta—. La muchacha se ocupará de la casa y el negro Rubén de los caballos. Al llegar a aquellas tierras seremos personas importantes y necesitaremos tener buena gente para que nos sirva en casa.

Hubo un momento en que me sentí pesimista. Fue el día anterior a la salida, al despedirme del abuelo. Me recibió en sus habitaciones mientras pedía por mí a sus dioses. Lo encontré muy viejo y comprendí que, posiblemente, era la última vez que lo veía.

Cuando salí, me pareció sentir que el pueblo, sus casas y sus alrededores, todo aquello que me era tan familiar, se ofrecía a mi mirada por última vez. Luché sin embargo contra aquel sentimiento e intenté animarme, decidido a seguir el camino que había elegido.

Cuando entré en casa, mi madre ponía en la maleta las últimas ropas. Pasó la mano por mi pelo como cuando era niño.

—Miguel, vas a llevarte esto —me dijo, dándome una pequeña caja que reconocí enseguida. En ella estaba guardada la gran esmeralda[14] que le traje como regalo secreto de mi primera aventura. La joya que un día encontraron mi padre —perdido desde hace tantos años— y un compañero suyo, y que había vuelto a mis manos. La maravillosa piedra trajo a mi memoria muchos recuerdos amargos.

—Llevo bastante oro. Y el padrino dice que no tendremos problemas de dinero.

—Te vas muy lejos y nunca se sabe lo que puede pasar.

—También vosotros podéis necesitarla.

—Nosotros tenemos las tierras, los animales. No nos faltará de nada.

No quería disgustar a mi madre. Sin embargo, aquella joya llenaba mi corazón de negras preocupaciones. La temía. En mi opinión, sólo había traído cosas malas a la vida de todos nosotros. Algo me impedía aceptarla; algo que al mismo tiempo me hacía creer que, sólo si se quedaba en manos de mi madre, podíamos escapar de los malos augurios que encerraba.

–No, madre. No voy a llevármela –dije por fin.

Mi madre se fue con la cajita sin decir nada más y volví a sentirme seguro y feliz al ver mi equipaje ya listo.

III

SALIMOS con las primeras luces del día. Yo no tardé mucho en despedirme: di un fuerte abrazo a mi madre, subí a mi caballo y me fui rápidamente para no sentir la mirada triste de mi familia. Cuando estuve lejos, me paré a esperar a mis compañeros de viaje, mientras miraba hacia el poblado[15], pequeño y quieto en la distancia.

En el camino, Luengo el Maragato, que también se iba del pueblo, se unió a nosotros y con él viajamos durante los dos primeros días. En ese tiempo, pude conocerlo mejor.

–Muy alegre vas. A tu edad, también me gustaba cambiar de aires. A los quince, llegué a las islas y creí estar en una tierra maravillosa. Los indios nos recibieron muy bien, pero pronto se pusieron enfermos de un mal que traían algunos de los que venían en mi barco. Murieron casi todos.

Sus recuerdos eran amargos. Cuando era joven, había compartido con un hombre un negocio que había terminado muy mal.

–Éste es el recuerdo que guardo de aquella ocasión –me dijo, enseñándome una antigua herida en un brazo.

No me dijo nada más. Yo supuse que aquel asunto era la causa por la que se hablaba mal de él en el pueblo.

Contaba cosas tan horribles como las que conocí en mi primera salida, y algunas, peores. Me contó cómo muchas personas se habían perdido en los bosques profundos buscando los tesoros[16] que las Indias esconden. Me habló de gentes que habían tenido que comer a sus mismos muertos para no morir de hambre; y me habló también de aquellos que nunca volvieron a sus casas.

La primera noche dormimos al lado de un río, la segunda nos quedamos en un mesón. Mi padrino invitó a Luengo el Maragato a tomar un vino español. El Maragato levantó su copa para beber por el éxito de nuestra aventura, pero cuando nos quedamos solos me dijo:

–Todo son aventuras, muchacho. Cualquier momento de tu vida lo es, si sabes encontrar sus sorpresas y sus tesoros. No hace falta poner en peligro la vida de tanta gente. El oro es lo que cada uno consigue con su trabajo y su inteligencia; no es necesario ni ir tan lejos ni robárselo a nadie.

Yo le comentaba que no era ésa la idea corriente de las aventuras, según libros tan famosos como el de don Amadís[17] y otras novelas de caballerías.

–Dicen que el Rey ha prohibido que esos libros lleguen a las Indias y en mi opinión nunca ha decidido nada mejor. Por culpa de esas lecturas muchos se han vuelto locos y buscan ahora mundos nacidos en la imaginación. Y yo, a mi edad, creo más en estas telas que vendo que en todos los tesoros de las Indias.

IV

AL día siguiente, nos despedimos de Luengo el Maragato y seguimos nuestro camino hacia la costa.

Yo iba al lado de mi padrino y lo veía sacar a veces, para mirarlas, las credenciales[18] de su cargo. Quise saber entonces qué iba a hacer él –un hombre de armas– en una Audiencia; pero me di cuenta de que él mismo no tenía una idea clara del asunto. Sólo me hablaba una y otra vez de la vida elegante y fácil que nos esperaba en Perú.

A lo largo del camino, el calor se hacía poco a poco húmedo y pesado; Veracruz nos recibió con un aire caliente que bañó nuestros cuerpos de sudor. Mientras íbamos hacia el mesón de un antiguo compañero de armas de mi padrino, comprobé que la ciudad era ahora mucho más grande.

El dueño del mesón nos recibió con mucho cariño, pero tenía para nosotros una información que nos dejó muy preocupados: el barco que veníamos buscando había salido ya de Veracruz y no se esperaba la llegada de otro antes de tres o cuatro meses.

Sin embargo, unos días después nos trajeron la noticia de que había llegado una carabela[19]. Mi padrino, Lucía y yo fuimos enseguida al puerto.

Era el barco más viejo y sucio que se pueda imaginar. Todo en él era un desastre. Pero nuestra prisa por llegar a Panamá era tanta que el padrino pidió hablar con la persona que mandaba en el barco.

Como el capitán[20] estaba descansando, mi padrino tuvo que hablar con el contramaestre[21], un hombre delgado que parecía no vivir en este mundo. Mientras, Lucía y yo fuimos a dar un paseo. Yo apenas había hablado con ella aquellos días y la encontré de buen humor. Hablaba con la misma imaginación que mi padrino de la buena vida que nos esperaba en Perú.

A la vuelta, vimos que otro hombre, fuerte y de aspecto pálido, estaba hablando con mi padrino. Era el capitán, que había dejado su descanso para discutir personalmente la posibilidad de llevarnos.

Cuando se despidieron, el padrino estaba a la vez contento y enfadado. Contento porque había conseguido que nos llevaran a Nombre de Dios, enfadado porque el precio del viaje era muy alto.

Lucía se ocupó de comprar nuestra comida y bebida para el viaje, cosa que hizo con cuidado y atención. Su trabajo fue tan completo que días después pudimos salvar la vida gracias a ella, como se verá.

V

LLEGÓ por fin el día de la salida. Oímos misa y, a mediodía, subimos a la carabela. Ya en su interior, sentimos un fuerte mal olor que venía del agua sucia que en todo barco hay bajo la bodega[22]. Pero como aquél era ya tan viejo y hacía tanto calor, el olor era difícil de aguantar. Había un solo camarote[23], el del capitán. A nosotros, nos dieron sitio en cubierta[24], bajo el camarote, e hicimos allí unas habitaciones cerrando el lugar con el equipaje y con telas.

Por la tarde, la carabela puso su proa[25] en dirección al mar. Salimos del puerto de Veracruz con un viento suave que nos empujó dulcemente mientras llegaba la noche.

A mi padrino no le gustan mucho estos viajes en barco, pero el mar estaba tan tranquilo que se durmió rápidamente después de cenar. Al poco rato, los demás se echaron también a dormir y todo quedó en silencio.

Entonces me pareció escuchar una voz, como una extraña y blanda risa que venía del techo, de la parte donde se encontraba el único camarote del barco, ocupado por el capitán. La risa, que duró un rato, se apagó por fin; pero se repitió más tarde varias veces. Yo oía unos golpes secos arriba y me pareció que alguien estaba caminando por allí. Salí a cubierta. Los pocos marineros[26] que quedaban des-

Salimos del puerto de Veracruz con un viento suave que nos empujó dulcemente mientras llegaba la noche. El mar estaba tan tranquilo que mi padrino se durmió rápidamente después de cenar.

piertos seguían tranquilamente con sus ocupaciones sin hacer ningún caso a aquellos ruidos.

Me volví a mi sitio e intenté dormir, pero los golpes secos en el techo y aquellos sonidos parecidos a risas me despertaban una y otra vez. Oí luego que se abría una puerta y que alguien corría. Después del ruido de aquella carrera escuché claramente el sonido de un cuerpo cayendo al agua.

El ruido del agua continuó y comprendí enseguida que venía de arriba, encima del techo, y no del mar. Así que me levanté y subí con cuidado la escalera.

Allí, enfrente del camarote del capitán, pude ver un enorme cubo de madera lleno de agua, donde alguien se bañaba. A la luz de la luna, brillaba un gran cuerpo blanco y liso que, por un momento, creí ser de mujer. Intentaba yo verlo mejor cuando oí la voz del contramaestre muy cerca de mí.

–¿Has visto algo más hermoso en tu vida, muchacho? Dicen que esos seres sólo se ven en sueños, pero ahí está. El capitán la sacó del mar y se la quedó. Hija de dioses, con su pelo de oro y sus blancos pechos. Se comprende que el capitán esté loco por ella.

–¿Qué es? –pregunté, pues, aunque miraba con atención, no veía yo en aquel cuerpo nada de lo que él decía.

Se quedó mirándome como sin entender. La luna brilló en sus ojos muy abiertos, dándole expresión de loco.

–¿No lo ves, muchacho? ¿No ves esos brazos, ese cuerpo, ese pelo? ¿Nunca has oído hablar de las sirenas[27]?

Sentimos que una puerta se abría. La voz del capitán dijo una palabra extraña y aquel cuerpo salió del agua.

Vi entonces que no era una mujer, ni nada parecido. Era uno de aquellos animales de cuerpo enorme y lleno de pelo, de ojos ridículamente abiertos y largos bigotes. Yo había visto muchos durante mi primer viaje, en las pequeñas islas que están cerca de la costa o en los grandes ríos. El animal se puso de pie y fue hacia el camarote.

El contramaestre llamó al capitán y le preguntó, lleno de secretos intereses, de qué le hablaba la sirena.

–Son cosas de las que no se puede hablar. Ella es tan antigua como hermosa. Conoce todos los secretos del mar y dónde está cada uno de los tesoros que se esconden en su fondo.

Dicho esto, el capitán se metió en su camarote y cerró la puerta con un fuerte golpe.

VI

ME pareció que tanto el capitán como el contramaestre vivían fuera de la realidad, perdidos en un sueño imposible. Por eso, decidí contar a mi padrino todo lo que había visto. Este asunto le preocupó mucho. Ya había comprobado él que los trabajos del barco se hacían de manera desordenada. Me dijo que temía la llegada de un desastre de un momento a otro. Y así fue.

Al poco tiempo empezó a llover con fuerza y nuestros problemas se hicieron más graves: las aguas que había bajo la bodega subieron y los marineros, con ayuda de Rubén, tuvieron que ponerse a echarla de nuevo al mar. Pero la madera del barco estaba ya tan vieja que dejaba pasar el agua, y ésta seguía subiendo cada vez más. Llegó un momento en que empezó a cubrir la bodega. Al llenarse de agua la sal y las mantas que en ella viajaban, el peso del barco se hizo mayor y el viaje más lento, a pesar de los buenos vientos. Por desgracia, pronto éstos también se pusieron en nuestra contra y la situación era cada vez más difícil.

La lluvia seguía cayendo y la bodega llenándose. El padrino mandó subir a cubierta nuestros caballos y también la comida y el agua que traíamos. Se llenó así la cubierta de personas, animales y paquetes que hicieron aún más desordenado el trabajo en el barco. Ya no se ocupaba nadie de sacar el agua de la bodega.

La lluvia no permitía encender fuego y no se podía usar la cocina. Nosotros –por el buen trabajo que había hecho Lucía– teníamos todo lo necesario para no tener que usarla. Pero a los marineros sólo les quedaba comer lo que pescaban y beber agua de lluvia, pues ya estaban malas su comida y su agua dulce.

Con el hambre y la sed que pasaban, no era extraño que perdieran su calma habitual. Los veíamos cada vez más agresivos. A menudo escuchábamos malas palabras; en una ocasión observamos cómo dos estaban a punto de luchar con sus cuchillos, y sólo gracias a mi padrino se pudo impedir la pelea.

El agua no tardó mucho en aparecer también en cubierta. Una mañana mi padrino habló con el contramaestre y nosotros cuatro pasamos, con nuestros tres caballos y todas nuestras cosas, a ocupar la proa. Todos los demás tuvieron que unirse en la popa[25]. Entre la proa y la popa había ya un amplio charco de agua y aquello ya no parecía un barco, sino dos islas a las que el viento llevaba a donde quería. Nadie comprendía cómo no nos íbamos todos al fondo del mar.

Una mañana, cuando salía el sol, se oyó un grito fortísimo...

–¡Alarma! ¡Alarma! ¡Un hombre escapa!

A pesar de la poca luz, pudimos ver cómo se alejaba un barquito pequeño y, dentro, la sombra del hombre que había decidido marcharse.

El contramaestre mandó usar las armas contra él pero los fuertes vientos del momento pronto lo llevaron demasiado lejos del barco. Nos quedamos sin poder hacer nada, respirando aquel olor de las armas de fuego que, en lugar de traerme recuerdos de éxitos guerreros, me traía el amargo sabor de los desastres.

Entonces se abrió la puerta del camarote del capitán y éste salió. La gente se agrupó y él se los quedó mirando.

–¿Qué ruidos son ésos? –gritó.

Quedaron todos en silencio. De repente, se dieron cuenta de que él estaba solo, muy cómodo en su camarote, al lado de aquel enorme cubo de madera y ellos todos juntos viviendo malamente. El silencio duró muy poco: gritando todos a la vez, se acercaron a él y lo rodearon.

–¿Qué ocurre? –gritó él otra vez.

–Un hombre ha escapado con la comida que quedaba.

Entonces, desde el camarote del capitán, llegó la risa del animal y la parte superior de su cuerpo asomó por la puerta.

–¡Ahí está vuestra comida! –gritó uno de los hombres.

Pero el contramaestre gritó también:

–¡Todo el mundo quieto!

Tenía su arma entre las manos y los hombres tuvieron que obedecer y dejar pasar al capitán, que volvió al camarote, encerrándose con el animal.

Furiosos, los hombres daban golpes en la puerta. Algunos fueron a buscar armas. Entonces, por segunda vez mi padrino les habló para que olvidaran sus locuras. Consiguió calmarlos y que le entregasen sus armas.

Como el mayor problema era la comida, les dijo que íbamos a compartir la nuestra con ellos, y también el agua. Y eso hicimos. Pasaron cuatro días más y tanto la comida como la bebida llegaban a su fin. Tampoco quedaba ya nada para dar a los caballos. Estábamos todos tan débiles que el padrino hablaba de matarlos para poder seguir viviendo. Otras veces era más pesimista y decía que era inútil; que lo único que debíamos hacer era rezar y prepararnos para morir en brazos de Dios.

Una mañana en que el sol estaba muy alto, un ruido extraño me despertó. Todos dormían, todo parecía estar muerto. El agua ya casi llegaba a donde estábamos. Busqué con la mirada qué podía hacer el ruido que me había despertado y vi un pájaro negro al lado de los caballos. Me levanté enseguida y miré a lo lejos.

–¡Tierra! –grité–. ¡Tierra a la vista!

Todos los demás se despertaron también. El capitán salió corriendo del camarote y miró hacia donde yo decía. Mi padrino le preguntó si conocía aquella isla.

–No es una isla. Creo recordar este lugar de otros viajes y, si no me equivoco, diría yo que es el Yucatán.

Grandes gritos de entusiasmo recibieron estas palabras. Pasamos el día con nuestras miradas puestas en la costa, cada vez más clara y cerca. Apenas pudimos dormir por la noche, sintiendo cómo, poco a poco, el viento nos empujaba hacia aquella tierra donde nos esperaban la comida y el descanso.

Por fin, el barco quedó parado no muy lejos de una larga playa. Ayudamos a los caballos a bajar del barco para que fueran nadando hasta la orilla y nosotros hicimos lo mismo. Atamos bien nuestros equipajes y nadamos pesadamente con ellos hasta la playa.

Sin embargo, poco antes de dejar la carabela, pasó algo que nos dejó sin palabras. El animal que el capitán guardaba en su camarote salió de allí y se tiró al agua; empezó a nadar rápidamente, a pesar de los gritos del capitán, y pronto estuvo muy lejos de nosotros. Entonces el contramaestre se quitó la ropa y se echó también al mar para seguir a aquel cuerpo que él veía maravilloso. Siguió nadando sin hacer caso de nuestras voces hasta que desapareció bajo las aguas.

VII

DESPUÉS de varios días, nos sentimos fuertes de nuevo. El lugar era perfecto para el descanso. Hacía calor, había bastante fruta y pescado, y también se podía cazar.

El único que pasaba muchas horas solo, callado y como encerrado en su mundo, era el capitán. Hasta que de pronto, un día, salió de sus sueños.

–No era una sirena –gritó–. ¿No lo visteis? No era más que un sueño, una imaginación.

Salió corriendo hacia la playa, desde donde nos llegaron durante largo rato sus gritos llenos de dolor. Después se sentó y se quedó muy quieto, mirando el mar. No se movió en toda la noche, pero a la mañana siguiente llamó a todos sus hombres. Les propuso recoger las herramientas y todas las partes útiles de la carabela para hacer otro barco y salir de aquella costa. Se pusieron a trabajar enseguida, pero el nuevo barco no iba a estar listo en menos de dos meses.

Mi padrino estaba de muy mal humor, pues veía muy difícil llegar a su destino a tiempo.

–Teníamos que haber viajado por tierra, Miguel. Siempre me ha dado mala suerte el mar –dijo, recordando seguramente nuestro anterior viaje.

Un día, mientras los hombres cortaban maderas, una voz poderosa nos dio la orden de quedarnos quietos. Inmediatamente, un grupo de soldados, sucios y con las ropas rotas, pero con armas, nos rodeó.

–¿Quiénes sois? –preguntó el que mandaba a aquella gente–. ¿De dónde venís?

Nuestro capitán le contó todo lo que nos había pasado. Sin embargo, el hombre sólo quedó tranquilo cuando vio las credenciales de mi padrino.

Aquellos hombres eran soldados de don Francisco Montejo, hijo de aquel del mismo nombre que había recibido del Rey permiso para conquistar[28] Yucatán. Después de largos años de guerras, aquellas tierras ya estaban casi conquistadas. Pero, al parecer, los últimos guerreros indios seguían luchando y dando serios problemas a los españoles. Los soldados de don Francisco tenían orden de cogerlos a todos.

Mi padrino habló durante largo rato con el jefe de los soldados de los tiempos en que él mismo había estado conquistando las islas y México. Escuchaba su historia con especial interés un hombre pálido que llevaba ropas oscuras, mejores que las de los otros soldados. Era un Bachiller[29] que trabajaba para don Francisco Montejo.

–Sois un hombre con suerte –comentaba, con las credenciales de mi padrino entre sus manos–. No sólo porque el vuestro[8] es un cargo importante, sino porque vuestro destino es Perú, del que se cuentan tantas cosas maravillosas. Debéis de tener allí buenos amigos.

–Importante es el cargo; pero no se lo debo a mis amigos, sino a una persona que vive en España. En Perú no conozco a nadie, ni siquiera al Presidente de la Real Audiencia, a quien voy a servir. Dicen –siguió mi padrino, después de dudarlo un poco– que las guerras entre los españoles tienen aquellas tierras desordenadas y sin gobierno.

–La guerra pasará; pero la tierra, el oro y los indios quedan –dijo el Bachiller, devolviéndole las credenciales–. No lo dudéis, tenéis en vuestras manos un gran futuro.

Así lo creía también el padrino y le habló de su preocupación de no llegar a tiempo, como ya había hecho conmigo.

–Mi querido amigo, yo no os[8] aconsejo esperar aquí. Si vais hacia el este, encontraréis, no muy lejos, un puerto donde podréis tomar otro barco.

–El problema es que no conocemos la tierra.

–En esta tierra ya no hay guerras ni peligros. Yo podré acompañaros los primeros días y luego encontraréis, seguramente, personas que os enseñen el camino.

–¿Cuándo salís? –preguntó el padrino.

–Mañana a primera hora. Yo tengo que ir al norte, a ver a mi señor don Francisco, que está buscando el mejor lugar para construir una ciudad.

En ese momento de la conversación vino Lucía a decirme que los dos hombres que servían al Bachiller habían intentado robarnos.

–No me gusta esa gente –comentó.

–Pues van a ser nuestros compañeros de viaje –dije yo–. Pero no te preocupes, se lo contaré a mi padrino para que los vigile.

Sin embargo, mi padrino, muy animado otra vez por la posibilidad de seguir su camino, no quiso dar mucha importancia al asunto.

–Salimos mañana temprano. En su momento, ya protestaré por lo que han hecho esos dos ladrones.

VIII

IBAN el Bachiller y mi padrino a caballo. A su lado, Lucía y yo compartíamos un mismo animal; Rubén viajaba a pie. Acompañaban al Bachiller sus dos asistentes, cinco soldados y un gran número de indios que llevaban las cosas del Bachiller y las de su gente. Caminábamos en silencio por lugares ricos en árboles, que nos defendían del calor. Sólo oíamos miles de pájaros a nuestro alrededor y las largas conversaciones del Bachiller y el padrino. Hablaban una y otra vez de las importantes ventajas de algunos cargos y el Bachiller no paraba de repetir que las credenciales de mi padrino eran en verdad una joya; también él esperaba recibir próximamente una oferta interesante de su señor. A mí me sorprendía ver a mi padrino, que siempre había sido amante de una vida sencilla, tan orgulloso[30] de su nuevo cargo.

Del Bachiller no tenía todavía una idea clara, pero Lucía me dijo al oído que no le gustaba aquel hombre.

Aquella misma tarde comenzamos a ver los resultados de la guerra: poblados que habían desaparecido bajo el fuego, campos donde ya nadie iba a recoger el maíz[31]. Pero lo que encontramos al día siguiente fue mucho peor: un árbol del que colgaban, muertos, muchos guerreros indios. Sobre sus cabezas volaban los pájaros de la muerte.

–Señor Bachiller –dijo mi padrino–, creí que era costumbre dar entierro a los muertos.

–Seguramente los han dejado ahí como ejemplo –comentó el Bachiller–. Los indios de estas tierras sabrán así lo que les espera si quieren seguir luchando.

Al ver aquella cosa horrible, muchos de los indios que nos acompañaban se pusieron a dar amargos gritos. Lucía pudo comprender algo de lo que decían, pues la lengua de su pueblo era parecida.

–Lloran por todo lo que han perdido –me dijo.

Un amplio bosque nos llevó lejos de aquel lugar de muerte. Pero al tercer día encontramos otra vez casas quemadas, campos vacíos y gentes que salían corriendo al vernos. A lo lejos, apareció un árbol parecido al del día anterior. Íbamos a dejarlo de lado cuando algo llamó la atención de mi padrino. Se acercó solo en su caballo para verlo mejor; al volver, estaba muy pálido.

–Señor Bachiller –dijo furioso–, en ese árbol no había guerreros, sino mujeres y niños. ¿Es ésa la manera de dar ejemplo? ¿Son ésas las órdenes de vuestro señor?

–No debéis pensar mal de don Francisco de Montejo, que es persona prudente y comprensiva. Mirad que hay estos días muchos grupos de soldados a los que no se puede vigilar.

–¿Y quién es su capitán? Trabajo le costará convencerme de que algo tan horrible es necesario.

–El capitán es Justino de Corcos. A su campamento[32] vamos.

A la mañana siguiente llegamos al campamento. Estaba en un campo donde aún quedaban plantas secas de maíz y un poco de algodón. Una fuerte pared de madera lo defendía y parecía bien ordenado. La entrada fue lenta y pesada, pues tuvimos que esperar bajo un fuerte sol mientras comprobaban nuestras credenciales. Mi padrino quiso ver inmediatamente al capitán, pero éste no lo recibió hasta media tarde; el Bachiller y yo lo acompañamos.

Justino de Corcos era un hombre delgadísimo, con el pelo y la barba de un extraño color, como quemados por el sol. Tenía la cara seria o, más que seria, antipática. Cuando hablaba, su aspecto se hacía aún menos agradable por la falta de varios dientes, sin duda perdidos en alguna pelea.

Después de hacernos esperar bastante, nos recibió de pie. Mi padrino le pidió enseguida explicaciones de por qué había matado a gente que no era culpable de nada.

–Señor mío –contestó el otro–, hemos ganado una dura guerra y es ahora el momento de enseñar a los indios a obedecer, hombres, mujeres o niños.

–Pero sabéis que el Rey ha dado orden de enseñar a los indios, no de matarlos ni de hacerles daño.

El capitán soltó una risa desagradable.

–¿Cuál es el motivo de tanta risa?

–Habéis dicho que estuvisteis en la conquista de México. ¿Es que habéis olvidado ya cuántos indios matasteis allí? Diez años he luchado yo para conquistar estas tierras y he recibido muchas heridas. Podéis ir a quejaros a donde queráis, pero no aquí. Por otra parte, no veo la razón de que os quedéis en este campamento. Os iréis mañana a primera hora.

Mi padrino, furioso, se fue hacia la puerta y yo lo seguí. El Bachiller se quedó con el capitán.

Nos llevaron a un lugar que vigilaban tres soldados. Uno de ellos vino hacia nosotros y, con gran sorpresa por nuestra parte, nos llamó por nuestros nombres.

Era Juan García, el sevillano que había compartido con nosotros el viaje al reino de Yupaha[33] y de quien nos habíamos despedido cerca de Veracruz. Nos contó que no había podido volver a España porque había gastado su dinero en el juego. Se hizo entonces marinero y luego conquistador[28] del Yucatán, donde estaba bajo las órdenes de aquel hombre que era tan bruto con los indios como con los soldados.

–Muchos de nosotros no estamos de acuerdo con las cosas que hace. Ahora mismo tiene aquí a dos jóvenes indias, hermanas geme-las[34], para colgarlas. Su única culpa es ser muy hermosas. Dice que su muerte servirá para enseñar a los indios que los españoles no perdonan ni a las mujeres, ni la belleza.

IX

A la mañana siguiente no olvidamos coger nuestras armas, pues íbamos a caminar por tierras peligrosas, y lo preparamos todo para marcharnos. Mientras íbamos hacia la salida, vimos a aquellas hermosas jóvenes y yo sentí una gran pena por ellas. Ya en la puerta, nos encontramos con el Bachiller, quien dijo estar de nuestra parte y querer acompañarnos.

A lo largo del camino, veíamos a veces grandes plantas entre las que asomaban extrañas y hermosas piedras. A las preguntas de mi padrino, el Bachiller explicó que un antiguo pueblo había construido edificios muy hermosos en aquellas tierras. Sin conocer herramientas de metal, habían trabajado la piedra, que a veces pintaban con bonitos colores. Todo el Yucatán estaba lleno de aquellos ricos edificios.

Mientras pasábamos la noche al pie de un árbol enorme, el Bachiller siguió con aquellas historias que tanto gustaban a mi padrino. Contó que cerca de allí había una de aquellas ciudades, con un pozo enormemente ancho. Allí tiraban los indios oro y piedras preciosas para que nadie las encontrara. También había sido lugar de horribles sacrificios[35].

–¿No podríamos visitar esa ciudad? –preguntó entonces mi padrino.

–Naturalmente –contestó el Bachiller–. Pero es mejor que no vayamos todos. Es un camino difícil para llevar los equipajes.

Así, Lucía prefirió quedarse con Rubén para vigilar nuestras cosas, y seguir camino con los que iban a pie; el Bachiller, sus dos asistentes, mi padrino y yo nos fuimos a la ciudad.

El camino se perdía a menudo entre los árboles y parecía no llevar a ninguna parte conocida. Pero, después de más de tres horas, encontramos lo que debía de haber sido la entrada de la ciudad.

Árboles y plantas ocupaban el lugar donde un día hubo plazas y avenidas. Por entre los árboles, los edificios aparecían de pronto, como cuerpos sin vida de otro tiempo; algunos sorprendían por su gran tamaño y belleza. Había también muchas pirámides[36], una de ellas altísima. El trabajo de las piedras no tenía defecto alguno y los antiguos artistas habían dibujado en ellas lo que su imaginación o su manera de ver la vida les decía.

–Hermosa ciudad debió de ser ésta, grandes artistas la construyeron –dijo mi padrino–. Pero aún no hemos visto aquel enorme pozo del que me hablasteis.

El Bachiller nos llevó entonces por un camino que terminaba en un amplio lugar donde no había árboles.

–Vayamos a pie –dijo el Bachiller.

Eso hicimos y, al acercarnos, pudimos ver un enorme agujero que se abría hacia el interior de la tierra. Sus paredes, de piedra lisa y libre de plantas, tenían más de veinte metros de altura; abajo aparecía el agua, verde y profunda.

Aquel extraño pozo fue una sorpresa para el padrino y para mí. Pero la sorpresa de verdad vino después, cuando oímos a nuestras espaldas la voz –ahora agresiva– del Bachiller mandándonos quedar quietos. Volvimos la mirada. Los dos asistentes tenían sus flechas[37] preparadas.

–Dadme el oro y las credenciales, don Santiago.

Mi padrino tiró al suelo lo que el Bachiller le pedía, mientras decía:

–No negaré que habéis sido muy listo.

–Estad seguro de que sabré usar bien lo que aquí me dais –dijo el Bachiller.

–¡Salta, Miguel! –gritó de pronto mi padrino, al darse cuenta de que los asistentes del Bachiller tenían la intención de matarnos.

Nos tiramos a aquel agujero profundo mientras las flechas pasaban muy cerca de nosotros. El fondo del pozo parecía no llegar nunca. Caímos los dos al mismo tiempo, pero cuando saqué la cabeza del agua, vi que mi padrino no había tenido tanta suerte como yo.

X

Habían herido a mi padrino muy cerca del hombro y no tenía fuerzas para nadar. Sentí miedo por los dos. Busqué con la mirada un lugar donde poder estar más cómodos y vi un punto en la pared en el que había unas fuertes plantas. Conseguí llegar hasta aquel lugar con mi padrino para agarrarnos a ellas.

Intenté no ponerme nervioso: era necesario estar tranquilo y pensar rápidamente. Me di cuenta de que, para estar mejor en el agua, no debíamos guardar encima nada pesado. Dejé caer mis armas al fondo del pozo, me quité las botas y me sentí libre. Pero desnudar a mi padrino fue mucho más difícil, pues antes debía sacarle la flecha.

Tenía que hacerlo con mucho cuidado para no dejar ningún pedazo dentro y no hacerlo sufrir demasiado. Puse los pies en la pared, tomé la flecha lo más cerca posible de la herida y tiré con todas mis fuerzas. Mi padrino dio un grito de dolor, pero la flecha salió completa. Le quité entonces las armas que llevaba encima. De la herida salía bastante sangre y se la tapé poniéndole alrededor una manga de mi camisa. Luego lo até fuertemente a las plantas de la pared.

Mi padrino tenía los ojos cerrados y parecía estar bastante mal. Comprendí que sólo yo podía encontrar la salida de aquel peligro, si es que había alguna.

Estuve buscando en las paredes del pozo algún punto por donde poder subir, pero llegó la noche y no había encontrado nada. Miré hacia arriba: era una noche sin luna, pero las estrellas brillaban en el cielo y en el espejo de las oscuras aguas. Unos pájaros empezaron a cantar de manera extraña y triste.

Me pareció que habíamos dejado atrás la vida y la tierra. Era como estar a las puertas del mundo de la noche, donde sólo podíamos esperar el olvido y la muerte. Tan negras ideas me estaban quitando las ganas de luchar por salir de allí y tuve que poner todas mis fuerzas para dejar de pensar de aquella manera.

Cuando el día se levantó sobre nosotros, nadé otra vez alrededor del pozo, mirando con cuidado sus paredes. Poco antes del mediodía había hecho la mitad de la distancia y no había encontrado la menor posibilidad de salir de allí. Me paré a descansar un poco y miré hacia donde había dejado al padrino.

El sol brillaba en aquella parte del pozo y me descubrió de pronto la sombra de un gran agujero, exactamente encima de donde él estaba. Nadé hasta allí otra vez y empecé a buscar la mejor manera de alcanzar la boca del agujero.

Me metí dentro y empecé a caminar. Era un oscuro pasillo que parecía subir y, hacia el final, sentí que cada vez había más aire y luz. Ahora estaba seguro de poder salir fuera y me sentí optimista. Volví a donde había dejado a mi padrino, para contarle lo que había descubierto.

–No sé si podré moverme, Miguel –me dijo casi sin fuerzas–. Voy a intentarlo. Pero escucha: si yo no puedo salir, tú sí debes hacerlo. Promételo, Miguel.

Así lo hice y comenzamos a poner todas nuestras fuerzas para intentar salir de allí. Fue un trabajo largo y duro: después de pasar tantas horas en el agua, mi padrino apenas se podía mover y le dolía mucho la herida. Yo tiraba de él, que se ayudaba como podía con las piernas y el brazo sano. Estaba pálido y yo leía en sus ojos que sufría horriblemente, pero no se quejaba. Sólo gracias a sus furiosas ganas de salir, y a la suerte, por fin llegamos arriba. Y allí caímos los dos, ya sin fuerzas.

Cuando desperté al día siguiente, el sol estaba otra vez muy alto, pero yo me encontraba seco y bien, aunque con mucha hambre. Sin embargo, mi padrino tenía fiebre y su herida tenía muy mal aspecto. Hablaba mientras dormía, y no se movía, tumbado en el suelo. Yo me alejé: había decidido seguir el camino del día anterior y ver a dónde llevaba. Anduve con dificultad por lugares completamente oscuros, buscándome el paso con las manos; intentaba no hacer caso de los peligros que la imaginación me ponía delante. Hasta que por fin creí ver un poquito de luz. Luego la luz se hizo más clara y llegué a un amplio lugar lleno de rocas por las que se podía subir fácilmente.

Más arriba, descubrí lleno de emoción las primeras sombras de los árboles. Me quedé quieto. Un ruido conocido cerca de mi oído despertó mi curiosidad y me trajo a la mente un dulce recuerdo, el sabor de la miel. Observé los insectos que volaban delante de mí, como manchitas de oro, y pronto encontré la miel. Me la llevé a montones a la boca, mientras respiraba un dulce olor a bosque. Y del mismo modo que había sentido la muerte mientras los pájaros cantaban en la noche, aquella miel, comida bajo el sol, me trajo el sentimiento de estar salvado.

Comí durante un rato. Cuando dejé de sentir hambre me llené las manos de miel y volví al lado de mi padrino.

–Padrino, miel, comida.

Medio dormido, comenzó a comer y enseguida pareció volver a la vida.

–¿De dónde la sacaste?

–Padrino –contesté–, también he encontrado la salida. Está cerca. ¿Cómo os encontráis?

–Mal, muy mal. Pero prefiero estar fuera de aquí antes de estar peor.

No fue fácil subir, pero al fin lo conseguimos. Nos encontrábamos cerca de los primeros edificios de la ciudad, entre los cuales se levantaba una gran pirámide.

XI

CERCA de aquella pirámide, encontramos un pequeño edificio que nos sirvió para descansar un poco. Hacía allí un calor húmedo que pronto nos llenó de sudor. Respirábamos un profundo olor a hojas[38] muertas. Cuando mis ojos pudieron ver entre las sombras, descubrí que todas las paredes interiores de aquel lugar estaban pintadas.

Artistas de otros tiempos habían dibujado en ellas hombres de mirada agresiva. Algunos estaban sentados y tenían una copa entre sus manos, otros parecían bailar. A un lado, unas mujeres eran quietos testigos de lo que los hombres hacían. Alrededor de todos ellos, había dibujos cuadrados y redondos que parecían ofrecer secretas informaciones. Era, seguramente, una manera de escribir.

Las dos noches que pasamos allí no pudimos dormir por los mosquitos. Comíamos frutas que descubrí por los alrededores; pero mi padrino estaba muy mal y tenía fiebre muy alta. Sentí entonces no conocer más cosas del pueblo de mi madre, del que sólo hablo la lengua. Comprendí que debía haber estudiado más sus costumbres, y no sólo las que venían de España. Habría sido capaz, entonces, de buscar y reconocer esas plantas que pueden bajar las fiebres.

Al tercer día, un ruido de caballos y voces me avisó de que ya no estábamos solos en la ciudad. Con cuidado, me acerqué a las perso-

*Cuando mis ojos pudieron ver entre las sombras, descubrí que todas las paredes interio-
res de aquel lugar estaban pintadas. Artistas de otros tiempos habían dibujado en ellas.*

nas que acababan de llegar para saber quiénes eran. Hablaban la lengua de las gentes de aquella tierra. De pronto, antes de que pudiera darme cuenta, alguien me agarró por detrás y llamó a los demás.

Entre los indios que llegaron venía nuestro amigo el sevillano. Dijo algunas palabras en su lengua y me soltaron.

–Muy mal te encuentro, muchacho –me dijo, cuando los indios me dejaron libre–. ¿Qué ha pasado? ¿Dónde está tu padrino?

–Mi padrino está muy mal. Temo por su vida.

–¿Dónde está?

–Seguidme.

Los indios llevaron al padrino con mucho cuidado a su campamento. Con sorpresa, pude ver que también estaban allí las gemelas a quienes Justino de Corcos quería dar muerte. Eran hermosísimas y exactamente iguales.

Fueron las dos hacia mi padrino y miraron bien la herida; después, salieron con algunos indios para buscar plantas con que curarlo. Una de ellas abrió la herida, la limpió y colocó encima unas hojas. Varios hombres tuvieron que agarrar a mi padrino mientras lo curaban, pero al fin quedó tranquilo.

Mientras comíamos, el sevillano me contó cómo había llegado con sus cuatro compañeros hasta allí: la misma mañana en que salimos del campamento, el capitán Justino de Corcos preparó una salida para ir a luchar contra los indios. Éstos se habían unido en un gran grupo más al sur y el capitán mandó llevar con los soldados a las dos muchachas para matarlas delante de los indios. Nuestro amigo y otros compañeros no tuvieron ya paciencia para aguantar tanta barbaridad, y decidieron dejar libres a las hermanas. Con el desorden que había en el campamento, pudieron escapar con ellas fácilmente.

–Nos encontramos después con estos indios. Enemigos al principio, fueron nuestros amigos al ver a las muchachas. Al parecer, ellas son personas importantes entre su gente y las quieren mucho.

Al día siguiente, mi padrino no estaba mejor. Pero el sevillano me dijo que debíamos marcharnos.

–No debemos quedarnos aquí más tiempo –me explicó–. Estos indios dicen que su poblado está sólo a dos días de camino y que allí podrán curar mejor a don Santiago.

XII

EL poblado está en un lugar donde el bosque es más cerrado. Hubo aquí también una ciudad en tiempos antiguos aunque ahora duerme olvidada bajo las plantas y los árboles. Sólo tres cosas han limpiado los indios y tienen todavía el aspecto del momento en que se construyeron: una gran plaza, un alto edificio redondo y, enfrente, una pirámide. Tiene ésta varios pisos pintados de rojo, comunicados por una larga escalera. Supe luego que la habitación de arriba es el lugar de los sacrificios. Un poco más lejos están las casas de los habitantes del poblado.

Cuando llegamos, los indios nos llevaron a todos a una misma casa. Tumbamos a mi padrino sobre unas alfombras con almohadas de algodón. No tardó en venir a verlo uno de los sacerdotes[39] indios, vestido con un largo vestido en que la sangre de los sacrificios, ya muy seca, parecía formar parte de la tela.

Encendió éste algo que daba un olor especial a la habitación; hizo beber a mi padrino una medicina preparada con plantas y le cambió por otras las hojas que tenía sobre la herida. Yo lo veía peor. Ya no hablaba y sólo por la mirada sabíamos que seguía con nosotros. Pero, según el sacerdote, mi padrino podía curarse y yo me agarraba a esta posibilidad con todas mis fuerzas.

En aquellos días me daba yo a las más negras imaginaciones y no siempre sabía lo que hacía. A veces, me veía con sorpresa en medio del bosque, adonde había llegado sin saber cómo. En uno de estos paseos, encontré a las dos hermanas. Me enseñaron lo que llevaban en las manos.

–Hojas y flores para tu padrino –dijo una en español–. Está muy mal, pero se va a curar.

–Se pondrá bien. No debes preocuparte –dijo la otra en una lengua muy parecida a la de mi madre.

Al ver mi sorpresa, explicó:

–Mi hermana conoce la lengua de los hombres de barba porque se la enseñó una india que había vivido con ellos. Pero yo estuve al cuidado de otra que venía de las tierras de tu madre. Yo no conozco el español, como mi hermana no conoce esto que yo hablo.

Desde entonces, salimos mucho a pasear juntos. Hablo con una de ellas y luego le explico a la otra lo que su hermana ha dicho. Pero, como no puedo contar todo, nuestras conversaciones ya están llenas de pequeños secretos que sólo yo conozco completamente. Besos y abrazos nos damos al mismo tiempo, pues las muchachas indias comunican libremente su cariño, y han nacido dentro de mí sentimientos desconocidos hasta ahora. Cada día que pasa, me siento más unido a ellas.

Me han contado la historia de su pueblo y me hablan de la manera en que ellos ven la vida. Creen que el tiempo da vueltas en ruedas que nunca paran, que no tienen ni principio ni fin. Por eso, piensan que pueden volver los días de aquel tiempo, ahora perdido, en que todo fue mejor. No esperan, sin embargo, su llegada, pues reciben cada momento de la vida como una casualidad necesaria.

Me han descrito también aquellos días en que sus ciudades tenían las avenidas llenas de gentes y los campos ofrecían muchos frutos[40]. Había entonces mercados donde se vendían telas, cestos, herramientas y cosas preciosas que venían de muy lejos. Me han hablado de juegos que ya se han olvidado. Me han contado historias en las que su manera de pensar queda maravillosamente descrita.

Las hermanas y yo éramos ya grandes amigos cuando mi padrino empezó a sentirse mejor. Volví a sentirme optimista y curioso por todo lo que me rodeaba. Un día, mientras miraba las cosas que estos indios consiguen traerse de sus guerras con los soldados, encontré la caja de madera con todo lo necesario para escribir. Mientras las dos hermanas hacen su parte de los trabajos del campo y de las cocinas, yo cuento mis aventuras. Y ahora que sé que mi padrino se curará, paso horas y horas escribiendo.

XIII

EL sacerdote indio me ha pedido que escriba para él en español lo que me va a contar. Las gentes de estas tierras tienen unos libros muy bonitos donde cuentan su manera de ver la vida por medio de dibujos extraños. Pero los conquistadores queman todos los libros indios que encuentran porque piensan que son obra del mal; con ellos mueren las costumbres de un pueblo que un día fue poderoso. El hechicero[41] piensa que nadie adivinará que un libro escrito en español es, en realidad, uno de esos libros. Así, es posible que se salve.

Pensé al principio que era imprudente hacer lo que el sacerdote me pedía. Pero me sentía tan curioso que acepté escribir para él. Todas las mañanas subo hasta el último piso de la pirámide. En las paredes y en el suelo quedan todavía manchas de sangre de los sacrificios. Y allí me siento a escribir lo que el sacerdote, despacio y con los ojos cerrados, me dice. Las hermanas me acompañan en mi trabajo y me explican lo que yo no entiendo.

Dijo primero el sacerdote que la Tierra descansa sobre un gran lagarto[42] que nada entre las aguas. Encima de ella está el cielo: una pirámide de trece pisos donde viven trece dioses. Debajo de ella hay también nueve mundos, donde viven los señores de la noche. El principio de todo fue la guerra entre unos y otros.

Describió los colores de los cuatro puntos de la Tierra: blanco al norte, amarillo al sur, rojo al este y negro al oeste. En cada uno hay una Gran Madre que vigila a los seres vivos y las cosas de su mismo color. Y en el centro del mundo, donde todo se comunica, está la Gran Madre Verde.

Explicó que los tiempos nacen y mueren: hubo el Primer Tiempo, el Segundo, y luego otros que les siguieron. En uno de ellos, los dioses quisieron tener a alguien que les diese amor e intentaron hacer hablar a los animales; pero no lo consiguieron. Hicieron luego a los hombres: primero de tierra, pero el agua los mataba; luego, de madera, pero no podían pensar. Hicieron por fin los dioses a los hombres de maíz.

Escribí después las oscuras historias de los primeros hombres. De dónde venían, qué nombres pusieron a las cosas, cómo se organizaron. De los grupos de hombres, dos eran los más importantes: los sacerdotes, que estudiaban todo lo que hay arriba, y los guerreros.

Describió también el hechicero las partes en que, en aquellos años, se organizaba el tiempo: el tiempo de cada día se llamaba «kin»; había grupos de trece días seguidos y otros de veinte, llamados «uinal». El año, «tun», tenía dieciocho meses de veinte días, además de otros cinco de mala suerte. Llamaban «katún» a veinte años juntos, «baktún» a veinte «katunes»... y así seguían hasta llegar a números que yo casi no puedo imaginar.

Los «katunes» daban vueltas en el tiempo, unidos a las estrellas, la luna y el sol. Y los hombres conocían tan bien el cielo que sabían perfectamente las mejores fechas para trabajar el campo y para cazar. Aprendieron a vivir al mismo tiempo que la tierra y a pedirle todo lo que necesitaban. Pudieron comer, y hacerse fuertes.

Trabajaban la mitad de los días del año, la otra mitad eran fiestas. Había la fiesta de hacer dioses nuevos; la de encender el primer fuego; la de matar el fuego con agua; la del comienzo del año nuevo; la de dar gracias a los dioses... y como ellas muchas más. Y en aquellas fiestas, comían y bebían, bailaban y se alegraban todos juntos.

También he escrito sobre los sacrificios y otras penas, algunas horribles.

Por último, habló el sacerdote de la llegada de los españoles. Entonces hacía ya tiempo que aquel pueblo había perdido la fuerza de sus mejores días. Pero con los españoles llegó lo peor: el momento en que aquel pueblo orgulloso y fuerte tuvo que aprender a servir a otro.

Y ese hombre tan viejo, tan amante de su tierra, empezó a llorar como un niño.

XIV

M<small>I</small> padrino pronto estuvo mucho mejor y empezamos a tener largas conversaciones. Le expliqué todo lo que había pasado desde que salimos del pozo. Le conté también que estaba escribiendo nuestras aventuras. Pero no le dije nada de lo que hacía por las mañanas en la pirámide porque temía su opinión. Sin embargo, un día en que las gemelas y el sacerdote vinieron a buscarme, preguntó que para qué; y cuando lo supo, me habló seriamente:

—Miguel, hijo mío, ¿no has pensado que, al escribir esas historias, estás salvándole la vida a falsos dioses? De tu mano quedarán escritas ideas peligrosas para muchos hombres.

—Sí, lo pensé, padrino —contesté—. Pero estas gentes han usado lo que saben para salvar vuestra vida y eso no puede ser obra del mal. Además, son viejas historias lo que escribo, y no veo en ellas nada malo.

Mi padrino se quedó dudando un poco, pero no dijo más del asunto. Por otra parte, el sacerdote me había dicho que ya no quedaba mucho para terminar el trabajo: sólo tenía que hablar ya de los tiempos que seguirán al nuestro.

Lo hizo con palabras que apenas pude comprender. Describió lo que ocurrirá durante cada uno de los veinte «katunes» que nos esperan y, entre los nombres de los viejos dioses y los nombres de las estrellas, oí de sus labios los augurios más amargos. Para el último, dijo que habrá un gran desastre: una lluvia enorme, sin fin, que hará desaparecer este mundo. Y así terminé esta historia.

–Puedes quedarte con todo lo que has usado para escribir –me dijo al final una de las gemelas–. Es nuestro regalo por tu trabajo.

Algunos días después volvieron al poblado algunos de los guerreros que habían estado luchando contra Justino de Corcos; traían la noticia de que aquel hombre tan odiado había muerto al caer de su caballo. El sevillano y los otros soldados pensaron entonces en volver con don Francisco de Montejo. Mi padrino decidió acompañarlos.

Cuando me dieron la noticia, no supe qué decir, pues había olvidado la posibilidad de marcharme de allí. De pronto, las gemelas vinieron a mi mente y sentí frío: comprendí que no quería dejarlas. Durante aquellos días las gemelas se habían hecho para mí tan necesarias como el aire. Me gustaba la forma de sus caras, el sonido de su voz, la limpieza de su piel, la suavidad de sus manos, la belleza toda de sus pequeños cuerpos. También me encantaba no saber nunca quién era cada una; pues después de todos aquellos días creía haber adivinado que las dos entendían tanto el castellano como la vieja lengua; que aquellos secretillos que me parecía compartir con cada una de ellas no eran tales; y que solamente ellas tenían la clave de sus secretos.

Busqué el silencio del bosque para ocultar allí mi pena. Fui al pozo del poblado, más pequeño que aquel en que casi perdimos la vida mi padrino y yo.

Aunque normalmente hay gente bañándose o sacando agua, yo sabía que, a esas horas, todo iba a estar tranquilo. Pero al llegar vi que las gemelas estaban bañándose. Se bañaban sin ropa como la cosa más natural del mundo y, a menudo, yo me había bañado con ellas, sin ninguna vergüenza; era aquél un mundo inocente[43].

Las gemelas me vieron y me llamaron, pero yo me quedé arriba mirándolas nadar entre las aguas. Pensé entonces que, quizás, estaba enamorado, como les ocurría a los personajes de las novelas de caballerías[17].

Era la primera vez que tenía un sentimiento parecido. Además, no sabía yo que un caballero andante[17] pueda querer a dos mujeres a la vez. Y, sin embargo, sentía lo mismo por las dos, quería estar a su lado, sentir el calor de sus cuerpos. Sí, tenía entonces, y tengo ahora, un mismo amor por las dos hermanas en mi corazón.

Cuando subieron, les dije que quería hablarles.

—Los españoles quieren marcharse y mi padrino va a acompañarlos. Pero yo me quedaré. Yo no quiero dejaros —dije—. Mi corazón no puede dejaros.

Me miraban tristes y me tomaron las manos entre las suyas.

—Escucha —me dijeron—. No queremos que tengas pena. Pero debes irte con los tuyos. También a nuestro corazón le duele que te vayas. Pero éste no es tu lugar.

—Mi lugar está a vuestro lado —dije—. Yo os defenderé y ayudaré.

—Los dioses nos hicieron iguales y esto para nuestra gente es un buen augurio. Nuestro pueblo piensa que nos enviaron para ayudarlo en estos tiempos difíciles. Debemos ser libres para servirlo mejor; completamente libres, y solas. No podemos hacer otra cosa que no sea seguir este camino. Como tú debes seguir el tuyo.

Sólo volví a verlas en la fiesta que aquel pueblo nos ofreció la noche anterior a nuestra salida. A la hora de despedirnos, me pidieron que las acompañara al último piso de la pirámide, donde estaba esperándonos el sacerdote. Les dio éste un paquetito para mí.

—Dice el sacerdote que, aunque en tu sangre corre sangre de los conquistadores, también eres hijo de los hombres del maíz. Dice que no lo olvides nunca. Por eso, quiere hacerte un regalo con el que conseguirás la ayuda de nuestros hermanos allí donde la necesites.

El sacerdote me dio un pequeño pañuelo de algodón que envolvía una piedrecita redonda con un agujero en el medio. Lo tomé entre mis manos y bajé la cabeza.

–Lo usaré si es necesario y os doy las gracias con todo mi corazón.

Dejamos allí al anciano y bajamos. Todo estaba en silencio.

–¿Sabéis? –les dije–, sentiré al salir de aquí que me rompen en pedazos. Nunca había sentido nada parecido.

No contestaron nada. Me miraron con cariño y se marcharon, perdiéndose en la noche. No las vi más.

Cuando salimos, todo el poblado estaba tranquilo. Un indio vino con nosotros para enseñarnos el camino del campamento de don Francisco de Montejo. Anduvimos por el bosque mientras aparecían las primeras luces del día, pero yo no veía nada: triste y con la cabeza baja, pensaba en las gemelas. En un momento, alguien habló a mi lado. Era el sevillano.

–Anímate, Miguel, las heridas de amor duelen, pero no matan. Te voy a contar la primera vez que estuve enamorado. Verás que, con los años, estos recuerdos son más dulces que amargos.

Siguió charlando y hablando de sus amores y, a mediodía, ya me encontraba más animado. Decidí seguir el ejemplo del sevillano y, aunque todavía hoy me duele la memoria de las gemelas, intento recordar sólo el sabor dulce de los momentos compartidos.

XV

EL campamento de don Francisco de Montejo estaba en un lugar limpio de plantas, cerca de otra antigua ciudad de la que muchos indios estaban sacando piedras para llevarlas a otro lugar. Era muy amplio y ya habían construido una iglesia y la casa de don Francisco.

Los soldados de la entrada nos dejaron pasar rápidamente. Antes de nada, fuimos a la iglesia para dar gracias por estar allí y luego fuimos a hablar con el capitán. Después de escucharnos, dio al sevillano y a sus compañeros un lugar entre sus soldados; para mi padrino y para mí, pidió una cita a don Francisco.

Nos recibió éste en el salón de su casa y escuchó con atención las palabras de mi padrino. No pareció muy sorprendido de las noticias sobre el Bachiller: hacía ya tiempo que había descubierto qué clase de hombre era. Dio enseguida orden de buscarlo por todos los campamentos y nos invitó a quedarnos allí el tiempo que quisiéramos.

Un secretario que estaba con él nos dio noticias de Rubén y de Lucía, de los que nada sabíamos hasta entonces. Al parecer, nos habían esperado en aquel mismo campamento durante largo tiempo, mientras grupos de soldados intentaban encontrarnos. Al ver que no aparecíamos, habían salido ellos mismos a buscarnos y no habían vuelto por allí.

Salimos del salón con don Gonzalo Méndez, que así se llamaba el secretario; quería enseñarnos los trabajos que se estaban haciendo para construir la nueva ciudad. Nos dijo que don Francisco se ocupaba personalmente de todo. Pasaba la mayor parte de sus horas buscando el mejor lugar para la Iglesia Mayor y los diferentes edificios públicos. Tenía ya una lista de las personas a quienes quería dar los distintos cargos de la ciudad y había comenzado a escribir sobre el gobierno de la misma.

Construían los nuevos edificios con las piedras que sacaban de los viejos.

–Es una pena que desaparezcan obras tan hermosas.

–Mira, muchacho –dijo don Gonzalo después de unos momentos–, es verdad lo que dices. Pero también es verdad que significan la importancia de un pueblo que ha sido nuestro enemigo. Los indios deben ver que nuestra fuerza ocupa el lugar de la suya.

–Peor fue cuando desapareció la hermosa ciudad de México –dijo mi padrino–. Dios sabe cuánto lo sentí, pero comprendo que fue necesario.

–Así se ha hecho siempre –comentó el secretario.

Don Gonzalo nos invitó a comer con él y, durante la comida, nos contó que muchas personas se estaban marchando del Yucatán a Perú, una tierra mucho más rica en oro.

–Seguramente el Bachiller lleva ese camino –comentó.

–Lo lleva, el muy ladrón, con mi nombre, cargos y dinero –dijo enérgicamente mi padrino.

Gracias a la confianza que aquel hombre tuvo con nosotros, los días que pasamos en el campamento fueron muy agradables.

Mi padrino dudaba sobre el camino a seguir a partir de ahora: él quería, sobre todo, salir a buscar al Bachiller, pero yo conseguí convencerlo de que lo primero era encontrar a Lucía y a Rubén, nuestros amigos.

El mayor problema era que no teníamos dinero. Don Gonzalo nos prestó dos buenos caballos; nos regaló ropa, comida y armas; también consiguió una carta de don Francisco en la que se pedía a cualquier capitán de barco que nos llevara a Panamá.

–Después de tantos problemas, aquí estamos de nuevo, vivos y siguiendo nuestro camino como al principio –dijo mi padrino mientras caminábamos juntos por campos bien trabajados–. Primero encontraremos a Rubén y Lucía; y luego cogeremos a ese mal Bachiller, tomaremos lo que es nuestro y llegaremos a nuestro destino. Ya se sabe que no es lo bueno vivir, sino haber vivido y poder contarlo.

No dije nada, pero me alegré al ver que mi padrino seguía siendo el hombre de siempre.

XVI

PASAMOS la primera noche en la casa de un rico encomendero[44] que nos dio noticias de nuestros amigos. Rubén y Lucía se habían encontrado allí mismo con unos soldados que habían visto al Bachiller viajar con mucha prisa hacia el este. Y sin esperar otro día, también ellos habían ido hacia allí.

A la mañana siguiente salimos mi padrino y yo en aquella misma dirección. Por el camino nos cruzamos con algunos soldados y otros viajeros: todos nos decían que estábamos cerca de un poblado de indios amigos. Cerca de aquel poblado había un mesón donde nos quedamos a descansar. También pasaron allí la noche tres frailes[45] que iban a México y tuvieron con mi padrino una larga conversación.

Hablaron ellos de los problemas que tenían enseñando la verdad de Dios a los indios por culpa de los encomenderos: a éstos no les gustaba que los indios perdieran tanto tiempo en la iglesia en vez de trabajar.

–No les gusta obedecer órdenes –dijo el fraile más joven–. Como el Rey está muy lejos, hacen lo que quieren.

–Muchos tienen las casas llenas de mujeres. Se sienten señores de estas tierras y tienen a los indios como animales –siguió otro.

Parece ser que los frailes hablaban de estas cosas públicamente durante las misas y que los encomenderos habían prohibido a los indios ir a la iglesia.

–El domingo pasado los encomenderos nos quemaron la iglesia. Todo lo perdimos. Uno de nuestros frailes y seis indios murieron. Nosotros vamos a comunicar estos hechos al virrey[46] don Antonio de Mendoza, pues don Francisco de Montejo no tiene tiempo de ocuparse de estos asuntos.

A aquellas tristes noticias, se unieron otras más agradables: el dueño del mesón nos dijo que un negro y una india, que vestían a la manera española, habían pasado por allí veinte días antes.

Seguimos, pues, nuestra búsqueda. En un punto del camino nos encontramos con un hombre que me recordó a Luengo el Maragato. Nos contó que en aquellas tierras habían muerto muchos indios a causa de las malas fiebres que habían traído los españoles. Por eso estaban tan vacías.

De los encomenderos, decía que eran personas que no buscaban más que el poder. Y, como por allí no había oro, necesitaban sacar todo lo posible de la tierra.

Nos quedamos aquel día en casa de un español que vivía con los indios, un hombre mayor. Al preguntarle si había visto a nuestros amigos, nos dijo que habían ido hacia la encomienda de don Antonio Martínez de Xaul.

Durante la cena, mi padrino dijo que le parecían muy hermosos unos trabajos que hacía con la madera. Le propuso ir a venderlos a una gran ciudad donde, seguramente, le iban a dar mucho dinero por ellos.

–Mi querido amigo –dijo–, yo ya he conocido esa vida, las envidias y los problemas que da el dinero. Y nada de eso vale tanto como un sólo minuto de mi vida aquí. Estos bosques, llenos de los pájaros más hermosos, de las flores más bonitas y de las frutas más dulces, son para mí el mejor de los lugares. No necesito nada más; la vida es sólo un momento en el tiempo y hay que vivirla como tal, sin buscar otra que a nada lleva.

Pensé que yo mismo podía haber dicho aquellas palabras, pues era lo mismo que yo había sentido en el poblado de las gemelas. Sin embargo, no dije nada.

–Comprendo lo que decís. Pero creo que los indios de estas tierras han perdido la guerra por culpa de esa manera de ver la vida. Nosotros creemos que hay que hacer el mundo. Y sólo estará terminado cuando Dios sea el dios de todos. Tenemos que enseñar la verdad a esos pobres indios, que creen que todo es como es para siempre. Nosotros, mi querido amigo, no podemos quedarnos quietos.

–Ni pobres –comentó el anciano con una triste sonrisa–. Porque la verdad de Dios con oro vale más. Y si no es por su oro, estos indios iban a seguir viviendo su mentira durante siglos y siglos.

XVII

LA entrada de la encomienda era una gran puerta de madera en la que había tres indios. Cada uno tenía en la mano un arma de fuego. Pero cuando estuvimos más cerca, me di cuenta de que aquellas armas no servían para nada, pues eran de madera.

Explicamos que queríamos ver a don Antonio y uno de los indios fue corriendo hacia el interior de la encomienda. Volvió acompañado de un joven. Éste nos pidió que dejáramos fuera, en los caballos, todas nuestras armas, menos las del cinturón, y que lo siguiéramos a pie.

Mientras íbamos hacia el poblado, vimos a muchos indios; iban vestidos más como frailes que como hombres de campo, y todos iguales. Trabajaban la tierra con interés y ésta parecía darles sus mejores frutos. El poblado estaba rodeado por una pared tan fuerte como las que rodean los campamentos.

El joven que nos acompañaba nos llevó a la casa del encomendero. Era éste mitad español y mitad indio. Nos recibió a la hora de comer y nos invitó a acompañarlo. Durante la comida, mi padrino le contó quiénes éramos y lo que buscábamos.

—Queremos saber, pues, si estos amigos nuestros están aquí o si se han marchado ya —terminó mi padrino.

El encomendero llamó a uno de los indios que nos habían servido la comida y le dijo algo. Luego nos sonrió.

–Pronto tendréis noticias de ellos.

Me preguntó si yo también tenía sangre india.

–Así es –contesté–. Mi padre era español, pero mi madre es una señora de Tlaxcala. Se casaron después de la conquista de México por los españoles.

Al poco rato, llegaron Lucía y Rubén; después de grandes abrazos, los cuatro nos contamos lo que nos había ocurrido durante todo aquel tiempo. Terminadas las explicaciones, mi padrino les preguntó por qué se habían quedado tanto tiempo en aquel lugar; también le sorprendía que vistiesen igual que los demás habitantes de la encomienda. Ellos se miraron entre sí.

–Así lo he querido yo, don Santiago –dijo el encomendero.

–De todas maneras, poco importa ya. Ahora que estamos juntos otra vez, nos iremos todos lo antes posible.

–Mi querido amigo. Tengo la intención de dejaros mi casa durante algunos días y no puede ofenderme negándose a ello.

–Mi señor don Antonio –dijo el padrino–, en este mismo momento un ladrón lleva mi nombre y quién sabe lo que estará haciendo.

–No os preocupéis. Conozco un camino que os llevará rápidamente a la costa; tendréis tiempo de alcanzarlo. Ahora os quedaréis conmigo y os enseñaré lo que estamos haciendo en estas tierras.

No pudimos hablar más con Lucía y con Rubén, pues se marcharon cuando oyeron una llamada. Los indios de la encomienda nos acompañaron a nuestras habitaciones.

–Extraña encomienda es ésta –dijo mi padrino– y extraño encomendero. Sin embargo debemos ser amables con él, como él lo es con nosotros.

Al día siguiente, sin embargo, vimos que nos habían quitado las armas que llevábamos en el cinturón.

–Quiero ver al encomendero enseguida, quiero que me explique qué significa esto –dijo mi padrino, enfadado, a varios indios que vigilaban la puerta. Pero éstos no lo dejaron salir de la habitación. Uno de ellos dijo tranquilo:

—Lo veréis en su momento. Ahora, calmaos.

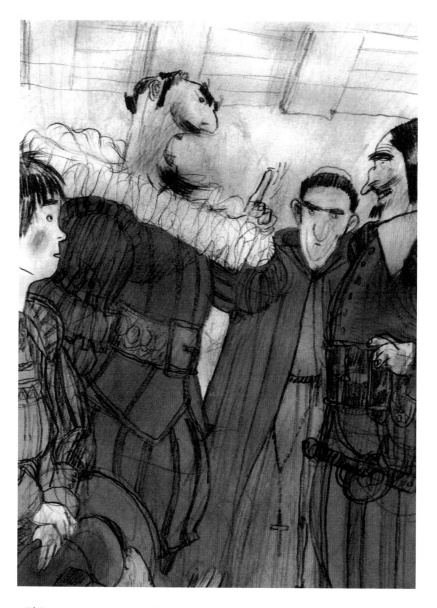

—El Señor esté con vosotros —dijo—. ¿Habéis descansado bien?
—Señor —dijo mi padrino agresivamente—, sabed que nos han quitado nuestras armas mientras dormíamos.

XVIII

EL encomendero nos recibió en la misma habitación del día anterior y lo hizo con los brazos abiertos.

–El Señor esté con vosotros –dijo–. ¿Habéis descansado bien?

–Señor –dijo mi padrino agresivamente–, sabed que nos han quitado nuestras armas mientras dormíamos.

–Yo di esas órdenes, don Santiago. Pero no hay en ello nada malo.

Nos presentó luego a un fraile que estaba con él, pero mi padrino, furioso, apenas lo saludó.

–Señor don Santiago –dijo don Antonio–, en esta encomienda se está enseñando a los indios de una manera muy especial; y es maravilloso ver cómo han aceptado la palabra de Dios y la de nuestro Rey. Como sabéis, las encomiendas son cargos que el Rey da con un solo fin: llevar a los indios la verdad de Dios y de nuestro país. El encomendero se queda con parte del trabajo de los indios; puede así seguir enseñando y hacer más grande la encomienda. Pero, por eso mismo, muchos encomenderos no tienen intención de enseñar, sino de hacerse ricos. Y para conseguirlo, no les importa hacer trabajar a los indios hasta la muerte.

Quedó unos momentos en silencio, y luego siguió:

–En esta encomienda no hacemos eso; aquí usamos todo el dinero que estas tierras nos dan en enseñar la verdad de Dios a los indios y a sus hijos. Cuando éstos –o los hijos de sus hijos– conozcan y acepten esa verdad, las tierras serán suyas otra vez.

–Nunca como ahora ha sido posible comunicar la palabra de Dios en la Tierra –dijo el fraile, con sus ojos claros muy abiertos y la mirada perdida–. Toda esta gente vivía entre las fuerzas del mal y nosotros les hemos traído la luz.

Las manos del fraile temblaban mientras hablaba y sus ojos empezaron a brillar. Siguió:

–Verdad es que debemos también guardar todo lo inocente y bueno que tenían antes de nuestra llegada. Por ello, enseñamos aquí en la lengua de los indios y celebramos muchas de sus antiguas fiestas, aunque ahora éstas son para Nuestro Señor.

–Así que tened confianza en mí –dijo por fin don Antonio–. Sólo quiero que conozcáis nuestra obra. Luego, podréis marcharos.

–¿Y mis armas? –preguntó mi padrino–. Yo soy un soldado.

–Aquí, sólo las personas que vigilan la encomienda las llevan. Pero os las devolveré si así lo queréis.

Pedimos entonces hablar con Lucía y salimos de allí. Nos llevaron a un gran edificio donde muchachas indias trabajaban telas mientras cantaban. Salió nuestra amiga y, en un momento en que nadie más podía oírnos, le preguntamos de nuevo por qué no se habían ido de allí.

–Porque no hemos podido –contestó–. Con disculpas, nos han retrasado un día y otro; ahora sabemos que nadie puede salir de aquí. Todos dicen que don Antonio y el fraile son muy buenos. Pero la persona que escapa, muere.

Al día siguiente, me dieron un trabajo de oficina; y don Antonio le pidió a mi padrino que le aconsejara y ayudara en la dirección de la encomienda. Van siempre juntos, pero mi padrino apenas abre la boca.

Entre las cosas que los indios debían aprender, vi que estaban las artes de la guerra a la manera española. Hablé de ello con mi padrino, que ya no estaba de mal humor sino nervioso y preocupado.

–Miguel, hijo –me dijo–, creo que hemos caído en manos de unos locos.

–Sin embargo, parece que su causa es buena.

–Eres aún muy joven para saber que muchas de las buenas intenciones de este mundo no siempre son buenas en su manera de llevarse. Los malos encomenderos roban y matan a los indios, es cierto; pero este don Antonio y el fraile organizan la vida de los demás sin dejarlos elegir ni ser libres. Y eso tampoco es bueno. Que Dios nos ayude.

XIX

UNA semana más tarde, y con las mejores palabras de que fue capaz, mi padrino le dijo a don Antonio que queríamos marcharnos. Le contestó éste que, de momento, eso no era posible pues nuestro trabajo era muy importante y necesario en la encomienda.

–Miguel –me dijo mi padrino, ya en nuestra habitación y de muy mal humor–, tenemos que salir de aquí ya.

Estuve de acuerdo con él: aquella misma noche salí a observar la encomienda y estudiar nuestras posibilidades. Aquello más parecía un campamento de soldados que un tranquilo poblado. Aunque intenté esconderme de la mirada de los indios que vigilaban la encomienda, uno de ellos me descubrió de pronto. Me preguntó quién era y, como no contesté, salió corriendo detrás de mí; una flecha me pasó muy cerca de la cabeza antes de que me tirara al suelo, detrás de unas plantas. Al no verme, el indio se marchó y yo volví a la habitación mojado y sucio.

Al mal humor de mi padrino se unió entonces el mío, pues comprendí que el encomendero no quería dejarnos marchar. Pasé la mañana del día siguiente escribiendo esta historia en nuestra habitación.

En lugar del asistente que solía hacerlo, vino la misma Lucía a traernos la comida. Nos dijo que el fraile y el encomendero estaban muy preocupados y enfadados por lo ocurrido la noche anterior. Temía por nosotros. Me acordé entonces de la piedra que me había dado el sacerdote indio.

–Lucía –dije–, ¿puedes hablar con el jefe de estos indios?

–Sí; aunque, en realidad, hay varios, pues son varias familias. Hay dos jefes grandes y tres pequeños. Los veo todos los días.

–Enséñales esto –dije, dándole el paquetito–. Diles que los necesito, que queremos salir de aquí.

Al día siguiente me llevaron delante del encomendero. A la puerta de su casa había varios indios que ya no vestían como frailes, sino como grandes jefes. El encomendero tenía sobre la mesa el paquetito con mi piedra.

–Parece que sois muy poderoso, Miguel.

–Si lo soy, sólo se lo debo a la confianza de unos buenos amigos –contesté.

Me miró un momento. Luego dijo que quería explicarme mejor sus intenciones; pensaba que al ser yo de sangre española e india, podía comprenderlo muy bien y estar de acuerdo con él. Me contó primero que sufría mucho por todo el daño que se estaba haciendo a los indios. Su intención era tomar de los españoles todo lo bueno que pudiesen traer y devolver con ello a los indios su antigua fuerza. Darles un nuevo motivo para luchar y nacer de nuevo. Negarse a desaparecer como pueblo.

Aquellas palabras llegaron muy dentro de mí. También era mi sueño que los indios tomasen lo bueno de los españoles, pero sin dejar de ser ellos mismos. Sin embargo, en ese momento era para mí más urgente ayudar a mi padrino a encontrar al Bachiller. Y así se lo dije.

–Los jefes están de vuestro lado –dijo un poco dolido–. Marchaos cuando queráis.

Cogí el paquetito y volví rápidamente con mi padrino para darle la buena noticia. Buscamos a Lucía, que empezó alegremente a recoger todas nuestras cosas. Rubén, sin embargo, prefirió quedarse en la encomienda pues le había gustado la vida que allí se llevaba.

Salimos nosotros tres al mediodía sin despedirnos de nadie.

XX

ÍBAMOS Lucía y yo muy contentos de poder estar finalmente juntos, contándonos con más detalle las aventuras que habíamos vivido en los últimos tiempos. Yo le hablé, sobre todo, de mi entusiasmo por la manera de vivir de los indios naturales y que había descubierto hacía poco. Pensé en las gemelas...

–A pesar de lo mucho que saben –dijo Lucía–, siempre lucharon entre ellos; y eso hizo que fuese más fácil para los españoles conquistarlos.

–Es cierto que hoy sólo son la sombra de lo que fueron –comenté–. ¿Has visto los edificios que levantaron?

–Para mí, eso significa que hicieron trabajar duramente a aquellos que los construyeron.

El padrino iba delante de nosotros sin decir palabra, preocupado por alcanzar al Bachiller.

Alcanzamos la costa días después en un punto donde hubo una antigua ciudad, pero donde ya no quedan indios. La playa sirve de puerto y también hay en ella un campamento de soldados, un mesón y algunas tiendas.

En el campamento supimos que el Bachiller y sus asistentes habían tomado un barco muchos días antes en dirección a Nombre de Dios. La noticia puso a mi padrino de muy mal humor y fuimos corriendo a la playa, donde habíamos visto otro barco.

Mi padrino habló con el capitán para ver si podía llevarnos a Nombre de Dios. Después de discutir durante largo rato, aceptó hacerlo por un precio tan alto que no podíamos pagar. Sacó entonces mi padrino la carta de don Francisco de Montejo y se la dio al capitán.

—Señor —dijo éste después de leerla—, con esta carta yo os llevaría al final del mundo sin cobraros nada. Pero este barco no es sólo mío. Lo comparto con un cura que conoce tan bien los asuntos de Dios como los de los hombres. Mira con cuidado todos nuestros negocios y no perdona el dinero a nadie, ni a los reyes.

—¿Os estáis riendo de mí? —dijo mi padrino.

—Por supuesto que no, señor. Pero para llevaros, necesito dinero o algo parecido. Mirad —dijo el capitán—, cerca del campamento hay un hombre que presta dinero. Él quizás pueda ayudaros.

—¿Cómo se llama ese hombre? —pregunté, pues mi padrino estaba tan furioso que no podía hablar.

—No lo sé —contestó—. Alfileres lo llaman.

Fuimos a ver al capitán del campamento para pedirle consejo.

—No puedo obligar a ese hombre a llevaros —dijo, con la carta de don Francisco en la mano—, ni puedo ayudaros con dinero, pues no lo tengo. El único que puede hacerlo es ese Alfileres, Nicanor de Tordesillas.

Una pared de madera rodeaba la casa de éste y unos perros furiosos la vigilaban. Llamamos a una india que trabajaba en la puerta y ella entró en la casa. Salió un hombre muy delgado que nos preguntó qué queríamos. Mi padrino le explicó que veníamos de parte de la Real Audiencia de Panamá; entonces, el hombre ató los perros y nos invitó a pasar. En la sombra de la casa leyó la carta de don Francisco.

—Señor —dijo después de leerla—, yo soy un pobre hombre. Y seguramente costará mucho que la Audiencia Real me devuelva el dinero que yo pueda prestaros. De todas maneras, es tanto el dinero que pedís que ni siquiera lo tengo en este momento.

–Pensadlo bien. Cuando tenga mi cargo y mi dinero, no olvidaré que me ayudasteis.

–Bien. Volved por aquí esta tarde y os contestaré.

Nos fuimos a comer y le contamos a Lucía nuestro problema. Mi padrino no estaba muy animado. Le sorprendía que la palabra de un hombre de confianza del Rey valiese tan poco y que sólo el dinero fuese importante en nuestros días.

Por la tarde, fuimos los tres a la casa. Estaba cerrada y sólo quedaban los agresivos perros.

Sin saber qué hacer, caminamos hasta la playa y nos sentamos.

–No van a ser fáciles estos días –dijo mi padrino–. Estamos tan lejos de Panamá como de casa. Y cualquiera de estos caminos, si hacemos el viaje por tierra, está lleno de peligros.

–No es necesario hacer ninguno de esos viajes –dijo Lucía–. Don Francisco o don Antonio os aceptarían con entusiasmo entre los suyos. Y también podéis volver con aquellos indios que os ayudaron y salvaron y de los que tanto me habla Miguel.

–No he dejado a mis amigos, ni mis animales y tierras para ir a perderme en guerras que no son las mías. Además, no olvides que un ladrón lleva en este mismo momento mi nombre.

–Entonces, escuchadme –dijo Lucía–. Tengo en mis manos la solución.

XXI

Miguel —siguió Lucía—, antes de salir de casa, tu madre me dio con mucho secreto una joya. Debía guardarla muy bien y usarla sólo si era necesario. Ahora lo es.

Supe enseguida de qué joya hablaba y me sentí sorprendido y enfadado a la vez. Lucía buscaba entre sus ropas; finalmente sacó la cajita y la abrió. Al coger la esmeralda en su mano, dejó aquélla escapar su maravillosa luz verde.

—Es la piedra más hermosa que he visto en mi vida —dijo, después de la primera sorpresa, mi padrino—. ¿De dónde ha sacado esto doña Teresa? Esta esmeralda vale millones.

—No sé. Doña Teresa me la entregó para usarla si era necesario —repitió Lucía.

—Padrino —dije yo—, Alfileres quizás pueda prestarnos el dinero si le dejamos esta piedra.

—Vale muchísimo más de lo que necesitamos —dijo él.

—Podemos pedirle más dinero —propuso Lucía.

Volvimos a la casa de Nicanor de Tordesillas, donde ahora había luz. La india nos dijo que su señor no estaba. Pero cuando mi padrino habló de una piedra preciosa, Alfileres apareció en la puerta. Se acercó a donde estábamos y mi padrino le enseñó la esmeralda. Cuando el hombre la vio, ató los perros y nos invitó de nuevo a entrar en la casa.

–Parece increíble –dijo después de mirarla con atención–. Nunca he visto cosa igual.

–Bien –dijo mi padrino–. Si la carta de alguien que sirve al Rey de España no es bastante, quizás esto lo sea.

–Como sois vos[8], intentaré buscar el dinero que necesitáis.

–Lo he pensado mejor, sin embargo. Ahora necesito más dinero del que creía –dijo mi padrino.

Estuvieron discutiendo hasta la medianoche, pero conseguimos un poco más de dinero. Cuando salimos de allí, Lucía y yo fuimos al mesón para pagar al dueño y buscar nuestras cosas; mi padrino volvió a la playa para hablar con el capitán del barco.

Con las primeras luces del día, llegamos nosotros dos también al barco, desde donde nos saludó el padrino.

–¡Vamos, muchachitos! –nos gritó–, salimos enseguida.

El barco es muy pequeño y no vamos muy cómodos. Por ser Lucía la única mujer, ha recibido un lugar aparte entre los muchos paquetes que lleva el barco; mi padrino y yo dormimos donde podemos. El buen tiempo hace el viaje agradable. He sacado mis cosas de escribir para seguir contando nuestras aventuras. Los marineros, que apenas saben escribir, me miran curiosos.

Mi padrino se queja a menudo del mar.

–Otra vez el mar –dice–, esperemos que todo vaya bien.

Pero yo no lo temo. Me gusta perder la mirada en la distancia: parece entonces que nada de lo que creo recordar ha sido verdad alguna vez. Me imagino el mundo como un mar enorme que cruza un único barco, el mío, con un destino lleno de aventuras. Me gusta escuchar el viento entre las cuerdas, y oír las canciones e historias de los marineros mientras trabajan.

Hoy, en el noveno día de viaje, un marinero ha dado la noticia de que, a nuestra popa, se ve un barco que sigue nuestra misma dirección. A media mañana, ya está cerca de nosotros. Es una preciosa carabela que el viento empuja con fuerza. Todos la miramos preguntándonos hacia dónde irá.

De repente, vemos en su proa una pequeña nube blanca. Oímos un fuerte ruido y algo cae al agua muy cerca de nuestra popa.

—¡Vienen por nosotros! –grita el contramaestre.

El capitán, que está cerca de mí, se ha quedado pálido.

—¡Es el Pulido! –dice con miedo.

La cubierta de la carabela está llena de hombres con armas. Uno de ellos nos grita que paremos el barco.

Dejo de escribir.

XXII

MIENTRAS escribía sólo para mí, no me preocupaba la manera en que lo hacía. Pero hoy me veo obligado a hacerlo y temo no ser capaz de terminar esta historia correctamente.

Mi problema empezó cuando, obedeciendo la orden del barco enemigo, nuestro capitán paró el suyo sobre las aguas.

Nos explicó entonces que el Pulido era muy conocido en aquellos mares. Durante los últimos años, había robado todo lo que llevaban los barcos que encontraba en su camino. Muchas veces mandaba quemarlos y mataba a todos los que en ellos viajaban.

Mi padrino propuso entonces que defendiéramos nuestro barco, pero el capitán no fue de la misma opinión. Según él, íbamos a perder todos la vida si hacíamos algo así. Hizo ver a mi padrino que los otros eran muchos y tenían buenas armas.

La carabela se acercó más aún a nosotros y un grupo de marineros saltó a nuestro barco y lo ató con cuerdas al suyo. Luego, vino el contramaestre de la carabela con más hombres y dio orden a nuestro capitán de llevar a cubierta a toda la gente del barco.

Los hombres de la carabela vestían como marineros pero llevaban cosas raras, como pañuelos de colores o botones de oro. Cuando estuvimos todos juntos, el contramaestre nos habló, en mal español.

–Os saludo en nombre del capitán Fransuá Darcasón. Esto es un hecho de guerra y quedáis ahora bajo nuestras órdenes. Si alguien no está de acuerdo, recibirá la muerte. Poned vuestras armas en el suelo.

–¿De qué país sois? –gritó entonces mi padrino–. ¿De qué guerra habláis?

Hubo entonces un gran silencio. Oímos la voz de un hombre que no había salido de la carabela y del que sólo se veía su elegante sombrero. Habló primero en un idioma extraño y luego en español.

–Señor –dijo–, yo os diré luego cuál es mi país y de qué guerra ha hablado mi contramaestre. Pero callad ahora, o no saldréis vivo de esa cubierta.

Mi padrino dijo que quería luchar contra el capitán de la carabela. Lucía y yo nos pusimos de su lado. Pero enseguida cayeron sobre nosotros los hombres de nuestro barco, que nos quitaron las armas.

–Mi señor Pulido –gritó nuestro capitán–, éstos no son marineros de mi barco, sino viajeros. Nosotros aceptamos vuestras órdenes.

–Tendré por bueno lo que habéis dicho, capitán –dijo el otro–. No soltéis a los viajeros y enviadme sus cosas y papeles para saber quiénes son. También me quedaré con todo lo que lleváis en el barco. Iréis así más ligeros.

En poco tiempo, los marineros de la carabela miraron todos los rincones de nuestro barco y cogieron todo aquello que les pareció útil y bueno. El contramaestre nos habló de nuevo:

–El capitán Fransuá Darcasón da las gracias al capitán y a sus hombres por sus buenas maneras, y perdona la vida a todos. El barco tampoco recibirá ningún mal. Pero deberéis quedaros aquí hasta que nosotros estemos lejos. Los viajeros pasarán a nuestro barco, donde serán muy bien recibidos.

Nos llevaron allí empujándonos. Cuando llegamos a la cubierta, el Pulido, que no era otro que el hombre del sombrero elegante, mandó que nos encerraran a mi padrino y a mí en la bodega; Lucía iba a trabajar para él, ocupándose de su ropa, su comida y su camarote.

La bodega, donde nos ataron con cuerdas, estaba muy oscura. No éramos los únicos, pues había más personas también atadas a las paredes de la bodega. Intentamos hablar con ellos, pero uno de los marineros que allí estaba vigilando, nos mandó callar. En aquel silencio oscuro, me dormí.

Me despertó mi padrino mientras un marinero quitaba las cuerdas de mis piernas. Al parecer, el capitán quería hablar con nosotros. Nos llevaron arriba, a un camarote, donde nos recibió Lucía; llevaba sus mejores ropas y parecía muy tranquila.

–El capitán nos invita a cenar y os pide amablemente que os vistáis para la ocasión –nos dijo–. Además, traigo el recado de deciros que sois libres. Éstas son vuestras habitaciones.

Después de arreglarnos muy bien, Lucía nos condujo al camarote del capitán. Vestía éste como yo imagino que deben de vestir los reyes. Después de saludarnos muy amablemente nos sentamos a la mesa, tan ricamente vestida como el capitán: platos y copas de oro descansaban sobre un mantel de elegante tela.

–Con esto no puedo haceros olvidar lo que ha pasado –dijo el capitán–, pero sí pediros perdón por ello. Quiero haceros agradables los días que paséis en mi barco.

Durante la cena, nos sirvieron muy buenas carnes y vinos variados. Un grupo de músicos acompañó la comida, tocando canciones de diferentes países.

–Sabed que no hay para mí cosa más grande –dijo el capitán– que los libros y todo aquello que el hombre escribe. Cuando tomo un barco, me parecen tan importantes los buenos libros como los tesoros. Porque me gusta leer, he querido aprender varios idiomas. Conocí el español en las cárceles de Madrid. Y no guardo amargo recuerdo de los malos ratos allí pasados, porque me permitieron leer muy hermosas historias escritas en vuestra lengua.

–¿Conocéis las aventuras de don Amadís? –pregunté, animado por el vino.

–Las conozco, muchacho, como conozco las de su hijo Esplandián, las de su nieto Lisuarte y las de su bisnieto Amadís de Grecia. Pues a pesar de la prohibición de vuestro Rey, tanto deben de gustar esos libros a los conquistadores que los traen escondidos en sus barcos; y en las bodegas encuentro yo más novelas que buenos vinos.

–Para mí no hay mejor libro que ése de don Amadís de Gaula –dije.

–Agradable es, en verdad. Pero os digo que, además de esos libros que se hacen con la imaginación, mucho me interesan también las crónicas de los hechos que han ocurrido en la realidad.

Calló un momento y luego me miró.

–He leído todo lo que has escrito, muchacho –dijo–, y he pasado muy buenos momentos. Me enfadé mucho con el Bachiller y, como tú, sentí amor por las hermosas gemelas. Me habéis caído simpáticos y he decidido llevaros a Nombre de Dios. Pero tendréis que pagar el viaje.

El capitán calló un momento. Nosotros le miramos, esperando.

–El precio que pido –siguió– es que este muchacho termine su historia durante el viaje y luego me dé todo lo que ha escrito. Tendrá dos días para terminarla.

–Lo haré con mucho gusto –contesté.

–He leído todo lo que has escrito, muchacho, y he pasado muy buenos momentos. Me habéis caído simpáticos y he decidido llevaros a Nombre de Dios. Pero tendréis que pagar el viaje.

XXIII

A la mañana siguiente, un marinero nos dijo que el capitán quería vernos otra vez en su camarote.

La elegante mesa de la noche anterior era ahora un lugar de trabajo, lleno de papeles y mapas. El capitán nos saludó y me devolvió la historia de mis aventuras para que la terminara.

–Pero espera un momento –dijo con una sonrisa–, quizás tengas alguna nueva noticia que contar.

Y diciendo esto, le entregó un paquete a mi padrino.

–¡Mis credenciales! –dijo, al abrirlo.

–Así es, mi buen don Santiago.

–¿Cómo las conseguisteis?

–Hace ya días, vimos un barco que llevaba vuestro mismo camino. Su capitán no quiso entregarlo y tuvimos que tomarlo por la fuerza: lo que queda de él descansa en el fondo del mar. Llevaba el barco sal y tres viajeros; uno de ellos, con estas credenciales. Lo obligué a venir conmigo, suponiendo que alguien tan importante podía valer mucho dinero.

–¿Está en este mismo barco? –preguntó mi padrino.

–Aquí está.

Nos llevó fuera del camarote y nos enseñó, en el punto más alto del barco, algo que al principio la luz del sol no nos dejó ver.

–Ahí tenéis el final de la aventura del Bachiller ladrón –dijo enérgicamente–. Decidí que era culpable y ha pagado sus engaños con la muerte. El capitán Fransuá Darcasón, a quien los españoles llaman el Pulido, lo mandó colgar con sus asistentes en la carabela *La Indomable*.

–Señor –dije, sintiéndome muy mal–, yo no quería para ellos una pena tan horrible. Me siento culpable de sus muertes.

–Tú no eres culpable de nada –dijo–. Yo he dado la orden.

–Pero yo escribí la historia que os llevó a darla.

–Vamos, vamos. Hemos hecho un favor al mundo, sacando de sus caminos a tres personas sin vergüenza que eran un peligro para las buenas gentes. Por otra parte, ¿piensas que escribir es cosa inocente? No lo es. Todo libro encierra una intención, según la persona que lo escribió. Pero no te sientas culpable: una vez escritas, las historias ya no son de la persona que las escribió sino de los demás; pierden así su primera intención y reciben otras muy distintas, según la persona que las lee.

Pero yo estuve toda la mañana muy preocupado, sintiendo que sobre mí caían las sombras de aquellas muertes. A primera hora de la tarde, vinieron a decirme que sólo quedaban veinticuatro horas para llegar a Nombre de Dios y me puse a escribir la última parte de esta historia. He pasado en ello toda la noche.

Por la mañana, el capitán nos llamó de nuevo.

–A media tarde llegaremos a nuestro destino. Pararé el barco delante de Nombre de Dios y una barca os llevará a la costa, con vuestro equipaje. No es mi costumbre devolver el dinero que, con un oficio de tanto riesgo, gano; pero en este caso, cambiaré mi costumbre. El dinero que pagasteis al capitán por hacer el viaje me lo quedaré, porque he sido yo quien os ha traído. Del dinero que os pidió mi contramaestre y del que os robó el Bachiller, me quedaré con una parte. Lo demás, os lo devuelvo. Y tú, muchacho –dijo mirándome–, no olvides darme la historia completa antes de llegar.

A primeras horas de la tarde, vimos la costa. Yo creía que Nombre de Dios era una ciudad, o al menos un puerto; pero no es más que una larga playa con algunas viejas casas. No parece un sitio muy agradable y no se ven ni gentes ni barcos.

Aquí termina la historia de mis aventuras. Sólo me queda dársela al capitán.

Epílogo

MI querida madre, os envío esta carta con un buen fraile que saldrá dentro de poco para México. Estamos en Panamá don Santiago, Lucía y yo; Rubén prefirió quedarse en una encomienda del Yucatán.

Espero que estéis todos con buena salud y que las cosas vayan bien por allí.

Os diré que el viaje hasta estas tierras ha estado lleno de peligros, pero que todo ha terminado felizmente. Sin embargo, hemos perdido gran parte de nuestro dinero y algunas cosas.

Salimos de Veracruz en un barco que se llenó de agua. Pudimos salvarnos y llegamos por casualidad a las tierras del Yucatán. Allí todavía están luchando indios y conquistadores, y vimos algunas cosas horribles.

Un hombre, que Dios le perdone –pues ya ha muerto–, nos robó e intentó matarnos. Estaban entonces lejos Rubén y Lucía, y tuvimos algunos problemas para encontrarnos.

Os diré también que pudimos tomar otro barco gracias a la joya que sabéis, pues ya no nos quedaba dinero. Pero el segundo viaje no fue mejor que el primero, pues caímos en manos de uno de esos capitanes que roban los barcos de Indias. Este hombre nos perdonó la vida sólo porque le gustó la historia de nuestras aventuras, que yo había escrito durante todos estos días. También nos devolvió parte de nuestro dinero y nos dejó a los tres en Nombre de Dios.

Es ése un lugar muy poco sano, donde mueren todos los días muchas personas y animales, sobre todo los caballos. Menos mal que pudimos encontrar a algunos indios que llevaran nuestros equipajes. Hicimos el viaje desde Nombre de Dios a Panamá a pie y por malos caminos, llenos de mosquitos y bichos peligrosos. Llegamos por fin, cansados y sucios, pero con salud. Panamá es una ciudad grande, con buen puerto y bastantes casas de piedra. En el puerto hay muchos barcos que irán a Perú, pues parece que ahora comienza el mejor tiempo para hacer ese viaje.

Nos quedamos en un mesón muy confortable y, de verdad, señora madre, que nunca había visto yo comidas tan variadas como las que sirven en aquel sitio, ni habitaciones con mejor cama. Paran en el mesón muchos viajeros importantes, con su gente, y por las noches cuentan horribles historias de Perú. Todos hablan de la durísima lucha que hace pelear a los españoles entre sí en una tierra donde, antes de la conquista, no había ni desorden ni hambre.

Al día siguiente de nuestra llegada, vestimos don Santiago y yo nuestras mejores ropas y fuimos a la Real Audiencia. Don Santiago quería visitar a alguna de las personas importantes que trabajan en ella, pero estaban en aquel momento metidas en reuniones o en asuntos complicados. Pidió entonces una cita para otro día, pero tampoco pudieron darnos una fecha exacta.

Nos recibió al final un hombre muy delgado, que vestía de negro de la cabeza a los pies y que tenía algún cargo en aquellas oficinas. Cuando don Santiago le enseñó sus credenciales, las estudió durante un rato. Dijo después que eran correctas, pero que el señor Presidente ya se había ido al Perú.

Nos dejó solos durante un rato. Al volver nos dijo que había comprobado que el nombre de mi señor padrino no estaba en la lista de personas que debían acompañar al Presidente. Ello se debía, seguramente, a algún error o a que lo habían quitado al ver que tardaba tanto en llegar.

Don Santiago explicó rápidamente lo que nos había ocurrido. El hombre de negro comentó que aquello ya no tenía importancia; ahora había que comprobar si el nombre del padrino estaba en alguna lista oficial de la Audiencia. Nos dijo también que no debíamos preocuparnos, pues seguramente ese papel estaba en algún lugar.

Don Santiago le explicó luego que había pensado tenerme a mí como secretario. Cuando supo que yo sabía escribir, el hombre aquel me ofreció allí mismo un empleo. Por la noche, hablé de ello con Lucía y con don Santiago, y decidí aceptarlo. En primer lugar, para seguir de cerca el asunto de mi señor padrino; pero, también, para conocer cosas nuevas y ganar algún dinero.

Entré, pues, a trabajar en la Real Audiencia, querida madre. He escrito hasta cansarme, pero ha habido horas en las que me he aburrido mucho. Llegan a estas oficinas todos los asuntos que se pueda imaginar. Son muchos los papeles necesarios para pequeñas cosas, pocas las personas que escriben y muy lenta la manera de hacerlo todo. Me parece que aquí lo sencillo se vuelve complicado y que se pierde mucho el tiempo.

Han pasado semanas y semanas pero la lista no aparece. Ha llegado el momento en que debemos elegir entre volver a casa o quedarnos. Hemos tenido entre los tres una larga conversación. Lucía piensa que lo mejor es volver, pues le parece que la suerte no nos acompaña. Yo, querida madre, estoy de acuerdo con ella y tengo ganas de abrazaros, con mi abuelo, hermanos y amigos; pero por otro lado, pensando en mi padrino, me duele haber llegado hasta aquí para no conseguir nada. Creo que debo hacer lo que él diga. El caso es que don Santiago también estaba desanimado, diciendo que ir a Perú era sin duda una locura, hasta que la otra noche tuvo un sueño.

Soñó don Santiago, según nos contó al día siguiente, que se encontraba en un lugar cerrado, pero muy amplio. Todo estaba oscuro y él se encontraba allí con el corazón tranquilo cuando a la vez empezó a ver una luz y a oír una voz. La claridad tenía el color verde de esa piedra esmeralda que conocéis y al final el padrino pudo observarla: parecía estar colgada en el vacío, como el augurio de un futuro feliz. La voz era dulcísima, una voz de mujer que él escuchaba muy contento. Y mientras más brillaba la piedra, la voz le decía que debía salir hacia Perú, sin preocuparse, pues allí el Presidente de la Real Audiencia sabía quién era y lo esperaba.

Así que el padrino no sabe qué hacer. El sueño ha vuelto a despertar sus ganas de ir a Perú y pienso que sólo la necesidad de viajar en barco lo hace dudar todavía.

Además, hace unos días, ha llegado al mesón el fraile del que os hablé. Nos ha dicho que no debemos preocuparnos, pues ha conocido en Perú casos parecidos, y todos se han resuelto felizmente.

Creo que, si finalmente nos vamos a Perú, será muy pronto. Volveré a daros noticias nuestras si hay ocasión, y si antes no hemos vuelto a casa.

Os llevo siempre a todos en mi corazón. Don Santiago os saluda con cariño y Lucía os manda un abrazo.

Miguel

ACTIVIDADES

Antes de leer

1. Antes de empezar la lectura de *La tierra del tiempo perdido*, lee la biografía de su autor y responde a las siguientes preguntas.

   a. ¿Qué nacionalidad tiene?

   b. ¿A qué se dedicó al inicio de su carrera literaria?

   c. ¿Cuáles de sus obras han sido galardonadas?

   d. ¿En qué época se desarrolla la trilogía a la que pertenece *La tierra del tiempo perdido*?

   e. ¿De qué trata, en concreto, *La tierra del tiempo perdido*?

2. Fíjate en el mapa de la página 4 y busca información en Internet sobre los cinco personajes que aparecen en la leyenda. ¿Cuáles son españoles?

3. Completa con las vocales que faltan las siguientes palabras clave de la lectura.

   a. __nd__ __os

   b. __r__

   c. p__r__m__d__

   d. c__nqu__st__d__r__s

   e. c__r__b__l__

Durante la lectura

Capítulo I

4. ⓘ Antes de leer el capítulo, escúchalo y explica qué has entendido sobre los siguientes personajes.

  a. Miguel.

  b. Luengo el Maragato.

  c. Don Santiago, el padrino de Miguel.

  d. Doña Teresa, la madre de Miguel.

5. Ahora, lee el capítulo y corrige tus respuestas.

6. Fíjate en cómo termina el capítulo y completa el cuadro.

   También un relámpago brillante cercano, seguido de un trueno muy fuerte, cruzó el cielo del pueblo, anunciando una tormenta. (pág. 9)

Sentido literal
Sentido figurado

Capítulo II

7. Lee el principio del capítulo y traza en el mapa de la página 4 la ruta que van a seguir Miguel y su padrino.

8. Después de leer el capítulo, responde a estas preguntas.

  a. ¿Qué le ofrece su madre a Miguel?

  b. ¿Se lo lleva Miguel finalmente?

Capítulo III

9. Lee el capítulo y responde. ¿Qué opina Luengo el Maragato sobre los siguientes temas?

    a. La juventud y los viajes.

    b. Las aventuras.

    c. El oro.

    d. Los libros de aventuras.

Capítulo IV

10. ② Antes de leer el capítulo, escúchalo y completa el texto con las siguientes palabras.

        Panamá   Nombre de Dios   Veracruz

Cuando llegaron a ——————, Miguel y su padrino descubrieron que el barco que se dirigía a —————— ya había salido. Unos días después, encontraron otro barco, hablaron con el capitán y consiguieron que este accediera a llevarlos a ——————.

11. Ahora, lee el capítulo y corrige tus respuestas.

12. Vuelve a mirar el mapa de la página 4 y señala los lugares que aparecen en este capítulo.

Capítulo V

13. Lee el capítulo y responde a las siguientes preguntas.

    a. ¿Dónde duermen los navegantes durante el viaje?

    b. ¿Qué oyó Miguel durante la noche?

    c. ¿Qué cree el contramaestre que guarda el capitán en su camarote?

Capítulo VI

14. (3) Antes de leer el capítulo, escúchalo y completa las oraciones.

    a. La cubierta se llenó de personas, animales y paquetes porque...

    b. Los marineros estaban agresivos puesto que...

    c. Todos golpeaban la puerta del camarote ya que...

    d. Por fin, una mañana, la suerte cambió, debido a que…

15. Ahora, lee el capítulo y corrige tus respuestas.

Capítulo VII

16. Lee el principio del capítulo y responde.
¿Cómo se sienten el capitán y el padrino?

17. Lee el capítulo y responde a estas preguntas.

    a. ¿Cómo van a continuar el viaje: por tierra o por mar?

    b. ¿Quién los va a acompañar?

    c. ¿Qué impresión tiene Lucía de esos hombres?

Capítulo VIII

18. Dos lectores comentan este capítulo. Léelo y completa el diálogo.

–Entonces, el Bachiller, Miguel y su padrino viajan juntos hacia el puerto y durante el camino ven los horrores de la _____: poblados destruidos, campos desiertos, muertos...

–Y el padrino se enfurece ante las injusticias y quiere saber quién es el capitán responsable de ello.

–Sí, y poco después llegan al campamento de ese capitán, _____, que dice que las muertes sirven para aleccionar a los _____.

–Y, claro, el padrino está indignado.

Capítulo IX

19. ④ Antes de leer el capítulo, escúchalo y completa las oraciones.

   a. Donde antes había plazas y avenidas, ahora...
   b. El Bachiller, que había sido amable al principio, resultó ser...
   c. Miguel y su padrino acaban finalmente...

20. Ahora, lee el capítulo y corrige tus respuestas.

Capítulo X

21. Lee el capítulo y relaciona cada estado de ánimo de Miguel con su causa.

	a. cuando encontró una salida.
a. Tenía miedo	b. porque su padrino estaba herido
b. Se desesperó	y sin fuerzas para nadar.
c. Se animó	c. cuando se hizo de noche y seguían
d. Sintió que estaba salvado	sin encontrar la salida del pozo.
	d. al encontrar miel.

Capítulo XI

22. ⑤ Antes de leer el capítulo, escúchalo y responde a las siguientes preguntas.

   a. ¿Dónde están Miguel y su padrino?
   b. ¿Qué ven en las paredes?
   c. ¿Qué reconoce Miguel cuando no puede curar a su padrino?
   d. ¿Quién llegó el tercer día?
   e. ¿Adónde van a llevar a Miguel y a su padrino?

23. Ahora, lee el capítulo y corrige tus respuestas.

Capítulo XII

24. Lee el capítulo y completa las siguientes oraciones.

    a. En el poblado, un sacerdote indio...

    b. Miguel conoce a las dos gemelas, que hablan...

    c. Las gemelas cuentan que, en el pasado, sus ciudades...

    d. Finalmente, el padrino, que estaba muy enfermo,...

    e. Miguel encontró objetos para escribir y decidió...

25. Vuelve a leer las primeras líneas del capítulo I de la novela. ¿Dónde comienza Miguel a escribir la crónica de este viaje?

> *Estaba yo mirando curioso el montón de armas y objetos de toda clase que estos indios consiguen robar a los soldados españoles, cuando encontré la caja de madera.* (pág. 5)

Capítulo XIII

26. Lee el capítulo y resume la visión del sacerdote y su pueblo sobre estos temas.

    a. La Tierra: dónde está y qué hay por encima y por debajo.

    b. El hombre: cómo se creó.

    c. El tiempo: en qué partes se divide.

    d. El trabajo: cuándo se trabaja, cuándo se descansa.

27. Reflexiona sobre la historia y responde a las preguntas.

    a. ¿Por qué empieza a llorar el sacerdote?

    b. ¿Qué visión crees que ofrece Miguel de la vida y cultura de los indios?

    c. ¿Te parece importante que Miguel escriba las historias que le dicta el sacerdote? ¿Por qué?

Capítulo XIV

28. ⑥ Antes de leer el capítulo, escúchalo y di quién hace comentarios similares a estos.

a. Estás escribiendo ideas falsas y puede ser peligroso.
b. Quiero quedarme aquí, con vosotras.
c. Este es un regalo del sacerdote para ti.

29. Ahora, lee el capítulo y corrige tus respuestas.

Capítulo XV

30. Lee el capítulo y resume el diálogo sobre la creación de los nuevos edificios.

a. Miguel opina...   c. El padrino apunta...
b. Don Gonzalo considera... d. En conclusión, don Gonzalo señala...

31. Escribe qué van a hacer ahora Miguel y su padrino.

Capítulo XVI

32. ⑦ Antes de leer el capítulo, escúchalo y escribe las preguntas a las siguientes respuestas.

a. Porque los frailes denuncian en misa el trato injusto que los encomenderos dan a los indios.
b. Por las fiebres de los españoles.
c. Que en esas tierras hay oro.

33. Ahora, lee el capítulo y corrige tus respuestas.

Capítulo XVII

34. Lee el capítulo y escribe un resumen destacando estos aspectos.

la encomienda y el encomendero   los planes del padrino
el conflicto con las armas   Lucía y Rubén

Capítulo XVIII

35. Lee el capítulo, fíjate en la ilustración de la página 62 y explica los siguientes aspectos.

    a. Qué personajes aparecen.

    b. El estado de ánimo de don Santiago.

    c. Por qué está así.

Capítulo XIX

36. ⑧ Antes de leer el capítulo, escúchalo y explica cómo están relacionados estos elementos en la historia.

    piedra   Lucía   jefes indios   sacerdote indio   encomendero

37. Ahora, lee el capítulo y corrige tus respuestas.

Capítulo XX

38. Lee el capítulo y escribe qué obstáculo encuentran en cada caso.

    a. Cuando llegan a la playa para encontrar al Bachiller.

    b. Cuando quieren tomar un barco para ir a Nombre de Dios.

    c. Cuando piden un préstamo a Alfileres.

39. Escribe cómo crees que Lucía puede solucionar sus problemas.

Capítulo XXI

40. ⑨ Antes de leer el capítulo, escúchalo e indica qué lector se ha equivocado con su comentario.

    –Yo ya sabía que la madre de Miguel no se quedaría la esmeralda.

    –Claro, ahora Alfileres sí tiene dinero para prestar.

    –¡Y veo que el padrino está entusiasmado por viajar en barco!

41. Ahora, lee el capítulo y corrige tus respuestas.

Capítulo XXII

42. Lee el capítulo, fíjate en la ilustración de la página 79, marca como verdaderas o falsas las siguientes afirmaciones y corrige las falsas.

	V	F
a. El hombre que habla con Miguel es su padrino.		
b. La chica con la bandeja es la esposa del Pulido.		
c. El Pulido está muy enfadado con Miguel y su padrino.		
d. Miguel participa animadamente en la charla.		

Capítulo XXIII

43. ⑩ Antes de leer el capítulo, escúchalo y completa el cuadro.

Cosas positivas de esta parte del viaje	
Cosas negativas de esta parte del viaje	

44. Ahora, lee el capítulo y corrige tus respuestas

Epílogo

45. ⑪ Antes de leer el capítulo, escúchalo y explica qué quiere decir Miguel al hacer estos comentarios.

a. *... en una tierra donde, antes de la conquista, no había ni desorden ni hambre.*

b. *Me parece que aquí lo sencillo se vuelve complicado y que se pierde mucho el tiempo.*

c. *Volveré a daros noticias nuestras si hay ocasión, y si antes no hemos vuelto a casa.*

46. Ahora, lee el capítulo y corrige tus respuestas.

47. Vuelve a leer el final del Epílogo y escribe qué crees que va a pasar con Miguel y don Santiago.

Después de leer

48. Ahora que has acabado la novela, seguro que comprendes mejor los siguientes fragmentos. Explícalos y coméntalos con tus compañeros.

    a. La madre de Miguel, sobre la carta del padrino:
    –¡Dios nos ayude! –la oí decir. (pág. 7)

    b. La madre de Miguel, sobre la esmeralda:
    –Te vas muy lejos y nunca se sabe lo que puede pasar. (pág. 11)

    c. Lucía, sobre el Bachiller y sus acompañantes:
    –No me gusta esa gente –comentó. (pág. 27)

    d. El padrino, sobre don Antonio y su encomienda:
    –Extraña encomienda es ésta –dijo mi padrino– y extraño encomendero. (pág. 60)

49. ¿Cuáles te parecen los rasgos más destacados del carácter, forma de pensar y de ver las cosas de los personajes de la historia? Coméntalo con tus compañeros.

    a. Miguel b. Don Santiago, el padrino c. Doña Teresa, la madre de Miguel d. Rubén y Lucía e. Luengo el Maragato f. Las gemelas g. El Bachiller h. El capitán Fransuá Darcasón, el Pulido

50. En la historia se hace referencia a las novelas de caballerías. ¿Puedes relacionar estas palabras con una obra muy conocida de la literatura española y universal? ¿Con cuál?

    Dicen que el Rey ha prohibido que esos libros lleguen a las Indias y en mi opinión nunca ha decidido nada mejor. Por culpa de esas lecturas muchos se han vuelto locos y buscan ahora mundos nacidos en la imaginación. (pág. 14)

51. Busca información en Internet sobre las otras novelas de José María Merino y escribe una pequeña redacción sobre estas y *La tierra del tiempo perdido*.

SOLUCIONES

1. a. Española. b. A la poesía. c. *Novela de Andrés Choz* y *La orilla oscura*. d. En la época de la conquista española en América, en los siglos XV y XVI. e. De la tierra de los últimos mayas y la pérdida de sus ciudades.

2. Hernán Cortés, Francisco Pizarro y Hernando de Soto.

3. a. indios. b. oro. c. pirámide. d. conquistadores. e. carabela.

4. a. Miguel: describe el principio de su segundo viaje en el que acompaña a don Santiago, su padrino, que ha sido nombrado alto cargo de la administración española y debe viajar a Panamá y, desde allí, a Perú. b. Luengo el Maragato: entrega la carta que le comunica su nuevo cargo a don Santiago, el padrino de Miguel. c. Don Santiago, el padrino de Miguel: acepta el cargo que le ofrecen y le pide a Miguel que lo acompañe y sea su secretario. d. Doña Teresa, la madre de Miguel: está preocupada por su hijo.

6. Literal: empieza una tormenta. Figurado: se avecinan problemas.

7. De Veracruz a Nombre de Dios, en barco; de ahí a Panamá, por tierra; y en barco, de Panamá a El Callao, en Perú.

8. a. Una joya muy valiosa, una gran esmeralda. b. No, no quiere llevársela.

9. a. Que a los jóvenes les gusta viajar. b. Que la vida normal ya es una aventura, que no hay que buscar otras experiencias extraordinarias. c. Que el oro es lo que cada uno consigue con su trabajo y su inteligencia. d. Que el Rey ha hecho bien en prohibirlos, porque, por culpa de esas lecturas, muchos se han vuelto locos.

10. Veracruz - Panamá - Nombre de Dios.

12. Veracruz - Panamá - Nombre de Dios.

13. a. En cubierta, bajo el camarote. b. Risas y golpes secos. c. Una sirena.

14. a. llovía mucho y todos tuvieron que subir a cubierta. b. no tenían comida. c. estaban enfadados con el capitán y querían comerse el animal que el capitán creía que era una sirena. d. divisaron tierra.

16. El capitán, desengañado, porque el animal no era una sirena. El padrino, malhumorado, porque el viaje se estaba retrasando.

17. a. Por tierra. b. El Bachiller y sus hombres. c. No le gustan, desconfía de ellos.

18. guerra - Justino de Corcos - indios.

19. a. hay árboles y plantas. b. un traidor, un ladrón y un asesino. c. en el fondo de un pozo.

21. a-b; b-c; c-a; d-d.

22. a. En un edificio cerca de la pirámide. b. Dibujos. c. Que debería haber estudiado las costumbres del pueblo de su madre. d. Su amigo el sevillano y unos indios. e. Al poblado de los indios.

24. a. cura al padrino. b. lenguas diferentes. c. eran ricas, hermosas y llenas de vida. d. se recupera. e. contar la historia de ese viaje.

25. El capítulo I empieza contando cómo Miguel se decidió a escribir sobre su segundo viaje cuando estaba en el poblado indio, esperando a que su padrino se curara de las heridas.

26. a. La Tierra descansa sobre un lagarto, encima está el cielo y debajo hay nueve mundos. b. Los dioses hicieron a los hombres primero de tierra, después, de madera y, finalmente, de maíz. c. Hay grupos de trece días y de veinte. El año tiene dieciocho meses de veinte días y otros cinco días de mala suerte. Además, hay unidades de veinte años y así sucesivamente. d. Se trabaja la mitad del año y la otra mitad es fiesta.

27. a. Porque se da cuenta de que su pueblo se está destruyendo y que está bajo el dominio de los españoles. b. Una visión positiva.

28. a. El padrino. b. Miguel. c. Las gemelas.

30. a. que es una pena que desaparezcan las obras de los indios, que son tan hermosas. b. que es algo necesario para demostrar la fuerza de los conquistadores. c. que sintió mucho la desaparición de la hermosa ciudad de México-Tenochtitlán. d. que siempre ha sucedido de esa manera.

31. Primero, buscarán a Lucía y a Rubén y, después, irán tras el Bachiller para intentar recuperar las credenciales de don Santiago.

32. a. ¿Por qué los encomenderos quemaron una iglesia? b. ¿Por qué habían muerto muchos indios en aquellas tierras? c. ¿Cuál cree el español que habla con el padrino que es la verdadera causa de la conquista?

34. Resumen modelo: Miguel y su padrino llegaron a la encomienda, en la que estaban Lucía y Rubén. La encomienda estaba cercada. El encomendero, don Antonio, parecía un señor un poco extraño. Insistió en que Miguel y su padrino se quedaran unos días en su encomienda. El padrino accedió, pero deseaba irse pronto para alcanzar al Bachiller, que tenía sus credenciales. Durante la noche, les quitaron las armas y el padrino se enfadó mucho.

35. a. Aparecen Miguel, su padrino, el encomendero y un fraile que vive también en la encomienda. b. Don Santiago, el padrino, está muy enfadado. c. Porque les han quitado las armas mientras dormían y quiere que se las devuelvan.

36. Lucía enseña a los jefes indios la piedra que el sacerdote indio había regalado a Miguel y el encomendero los deja marchar.

38. a. Les dicen que el Bachiller ya se ha ido hace días. b. No tienen dinero para pagar el viaje. c. Alfileres no quiere prestarles dinero.

40. –¡Y veo que el padrino está entusiasmado por viajar en barco!

42. a-F, está hablando con el Pulido; b-F, es Lucía; c-F, está contento porque le ha gustado mucho el relato de Miguel; d-V.

43. Cosas positivas: la liberación de Miguel y su padrino, la recuperación de las credenciales y de parte del dinero robado, la llegada a Nombre

de Dios. Cosas negativas: la crueldad hacia el Bachiller, el dinero de Miguel y el padrino que se queda el Pulido, el hecho de que Nombre de Dios no parezca un lugar muy agradable.

45. a. La conquista ha llevado el desorden, la muerte y el hambre a los indios, que vivían antes mejor. b. Los trámites y el papeleo complican las cosas, que podrían ser mucho más fáciles, y eso es una pérdida de tiempo. c. Están dudando entre viajar a Perú, en cuyo caso Miguel seguirá escribiendo a su madre, o regresar a su pueblo.

48. a. La madre sabe que será un viaje peligroso y, efectivamente, lo fue. b. La madre es consciente de que pueden necesitar más dinero a lo largo del viaje, y así fue. c. Lucía tiene razón: el Bachiller es un ladrón y los traicionará. d. El padrino tiene razón: el encomendero tenía a todos los indios encerrados.

49. a. Miguel: aventurero, valiente, sensato, amigo de los indios, comprensivo, empático, sensible, inocente. b. Don Santiago, el padrino: aventurero, valiente, impulsivo, enfadado, partidario de la conquista. c. Doña Teresa, la madre de Miguel: bondadosa y preocupada por su hijo. d. Rubén y Lucía: fieles y sensatos. e. Luengo el Maragato: sabio, experimentado. f. Las gemelas: alegres, responsables y sensatas. g. El Bachiller: malvado, egoísta, mentiroso, traidor. h. El capitán Fransuá Darcasón, el Pulido: culto y cruel.

50. *Don Quijote de la Mancha*, de Miguel de Cervantes.

NOTAS

Estas notas proponen equivalencias o explicaciones que no pretenden agotar el significado de las palabras y expresiones siguientes, sino aclararlas en el contexto de *La tierra del tiempo perdido*.

m.: masculino, *f.:* femenino, *inf.:* infinitivo.

[1] **terremoto** *m.:* fenómeno que se produce cuando la tierra tiembla.

[2] **pozo** *m.:* profundo agujero en la tierra, generalmente con agua en el fondo.

[3] **padrino** *m.:* hombre que en el bautismo (ceremonia que en la religión cristiana incorpora una persona a la Iglesia) presenta, acompaña y protege a quien lo recibe.

[4] **crónica** *f.:* historia en que se cuentan los hechos o acontecimientos por el orden en que ocurrieron.

[5] **miel** *f.:* sustancia amarillenta, espesa y muy dulce, fabricada a partir de las flores o de ciertas plantas por unos insectos: las abejas.

[6] **pues:** aquí, puesto que (causa).

[7] **augurio** *m.:* anuncio o señal para el futuro.

[8] **Bien sabéis que sí: bien sabe que sí:** el verbo en segunda persona del plural referido a una sola persona es marca de una forma de tratamiento antigua y señal de respeto. Como pronombre sujeto o después de una preposición, en vez de **usted,** se usaba **vos.** En lugar de los complementos **la, lo** y **le** se usaba **os;** y en lugar de los posesivos de la tercera persona del singular (correspondientes a la forma **usted**), se usaban los de la segunda del plural: **vuestro** en vez de **suyo,** etc.

[9] **Real Audiencia** *f.:* institución creada por los Reyes Católicos para organizar el gobierno de las tierras descubiertas en América, llamadas entonces «Indias Occidentales».

[10] **cargo** *m.:* lugar que ocupa una persona en el empleo en el que trabaja: director, presidente, etc.

[11] **asistentes** *m.:* personas que ayudan a otra en su trabajo.

[12] **rezaban** (*inf.:* **rezar**): se dirigían a Dios, oral o mentalmente, para pedir o dar las gracias por algo.

[13] **guerra** *f.:* lucha con armas entre dos o más países, o entre grupos dentro de un mismo país.

[14] **esmeralda** *f.:* piedra preciosa de hermoso color verde.

[15] **poblado** *m.:* grupo de casas y de pocos habitantes.

[16] **tesoros** *m.:* dinero, joyas o cosas de mucho precio reunidos y guardados en un lugar.

[17] **don Amadís:** personaje principal de *Amadís de Gaula*, famosa **novela de caballerías**, pero conocida ya en el siglo XIV. Sus fantásticas aventuras están situadas en lugares maravillosos ingleses, escoceses e irlandeses. En ellas aparece como el mejor ejemplo de **caballero andante**, que viaja por el mundo defendiendo a los más débiles de toda injusticia, y todo por amor a su dama.

[18] **credenciales** *f.:* carta que el gobierno de un país da a una persona para que esta, al presentarla, pueda ocupar su **cargo** (ver nota 10).

[19] **carabela** *f.:* antiguo barco de vela, largo y estrecho. Por ser ligera y fácil de dirigir, jugó un importante papel en los grandes descubrimientos por mar.

[20] **capitán** *m.:* aquí, hombre que manda en un barco; también, jefe de un grupo importante de soldados.

[21] **contramaestre** *m.:* **asistente** del **capitán** (ver notas 11 y 20), con variados trabajos en el barco, en particular, ocuparse de los **marineros** (ver nota 26) y comunicarles las órdenes del **capitán**.

[22] **bodega** *f.:* en los barcos, parte baja e interior, donde viajan los animales, los equipajes y la comida.

[23] **camarote** *m.:* pequeña habitación con cama dentro de los barcos.

[24] **cubierta** *f.:* en un barco, cada una de las partes exteriores o que están al aire libre y, especialmente, el piso superior.

[25] **proa** *f.:* parte delantera de un barco. La parte posterior es la **popa** (*f.*).

[26] **marineros** *m.:* hombres que trabajan en un barco.

[27] **sirenas** *f.:* personajes maravillosos, mitad mujeres y mitad peces.

²⁸ **conquistar**: hacerse dueño, en la **guerra** (ver nota 13) y usando la fuerza, de un país y sus gentes. A los hombres que fueron a **conquistar** nuevas tierras en América se los llamó **conquistadores** (*m.*).

²⁹ **Bachiller** *m.:* antiguamente, persona que ha conseguido el primer grado de los que se daban en las universidades.

³⁰ **orgulloso**: contento consigo mismo, consciente de su valor e importancia.

³¹ **maíz** *m.:* el cereal más corriente de América Central y del Sur y el elemento básico de muchos de los alimentos de allí.

³² **campamento** *m.:* durante una guerra, lugar donde los soldados levantan sus tiendas de campaña para vivir y descansar mientras no están luchando.

³³ **Yupaha**: reina de las tierras que Miguel y su padrino descubren en *El oro de los sueños*.

³⁴ **gemelas** *f.:* hermanas nacidas al mismo tiempo e iguales de aspecto.

³⁵ **sacrificios** *m.:* prácticas religiosas que consistían en matar a personas o animales para ofrecérselos a un dios.

³⁶ **pirámides** *f.:* grandes edificios de piedra con base cuadrangular y cuatro caras triangulares, que servían de base a los templos en el México precolombino.

³⁷ **flechas** *f.:* armas sencillas hechas con una punta metálica (o de otro material duro) de forma triangular unida a una delgada vara de madera y que se disparan al aire.

³⁸ **hojas** *f.:* cada una de las partes, por lo general verdes y finas, que crecen en las extremidades de árboles y plantas.

³⁹ **sacerdotes** *m.:* hombres que llevan a la gente la palabra de su dios y que realizan, según las distintas religiones, determinados servicios: **sacrificios** (ver nota 35), misas, etc.

⁴⁰ **frutos** *m.:* todo aquello que nace de la tierra; también, resultados de un trabajo.

⁴¹ **hechicero** *m.:* persona que dice conocer el futuro y las cosas que no se pueden comprender con los medios naturales. En los pueblos primitivos tiene gran poder sobre las otras personas que le reconocen la facultad tanto de curar y hacer el bien como de traer desgracias al pueblo; también es el **sacerdote** (ver nota 39).

⁴² **lagarto** *m.:* nombre que en México se da al **caimán** (*m.*)*:* reptil de la especie de los cocodrilos, de varios metros de largo, cuerpo duro y de color verde; tiene una larga cola y una boca muy grande.

[43] **inocente:** que no conoce el mal ni la culpa.

[44] **encomendero** *m.:* persona que está al frente de una **encomienda** (*f.*). La **encomienda** era una institución de la América colonial española por la que el Rey confiaba a un colonizador –**encomendero**– un grupo de indios con el fin de educarlos en la religión cristiana, permitiéndole recibir a cambio el fruto del trabajo de estos; también designa el conjunto de las gentes y tierras sobre las cuales mandaba el **encomendero**.

[45] **frailes** *m.:* hombres de alguna orden religiosa.

[46] **virrey** *m.:* persona que organiza el gobierno de una región en nombre del Rey y que tiene los mismos poderes que este.